文部科学省後援

秘書検定

3級 クイックマスター

改訂2版

早稲田教育出版

● まえがき ●

　秘書検定はここ数年，年間延べ約１６万人の方が受験しています。３級受験の多くは高校生や専門学校生ですが，目的は何なのでしょうか。一言でいえば，就職に際して「会社（職場）常識」と「社会性」を知り身に付けるためということでしょう。それは，＜秘書検定で秘書の仕事（秘書技能）を知れば，会社常識と社会性が分かり，身に付けることができる＞からです。

　学生さんにとっては会社常識などは初めてのことでしょうし，社会での身の処し方（社会性）などは今までは気にすることはなかったことでしょう。しかし，このことは，これから社会人として巣立っていくための土台になることで，大変重要なことです。

　人は誰でも職に就かなければ生活ができません。その職に就くについて，職の世界である職場（会社）に，会社の仕事に関して知識を持って飛び込むか，無知識で飛び込むかは大変な差が生じます。

　会社は役割を持った人や役職者で構成されています。役職には序列があり，序列によって秩序が保たれています。秩序が保たれている一番の元は言葉遣いですが，言葉遣いの元はビジネスマナーです。これらのことをひっくるめたことがここでいう「会社常識」と「社会性」です。

　本書は，３級の秘書検定を手早く学び，合格証を手にすることを目的にしています。しかし，ここで注意が必要です。それは，秘書検定３・２級は知識だけの試験ですが「秘書技能」は知識だけではなく，態度・振る舞い・話し方の調子など，体で覚える（体得）部分があり知識と連結しています。従って，知識を学びながらでもこのことを意識しないと秘書技能を生かすことはできません。今後の体得部分への挑戦を期待しています。

公益財団法人 実務技能検定協会　秘書検定部

● 本書の特長 ●

　本書は，秘書検定3級を目指す人のために編まれた，分かりやすく実戦的な受験参考書であり，内容としては以下のような特長を持っています。

◆見開き構成の各ページにイラストを多用して，分かりやすくした。
◆できるだけ分かりやすく記述し，難しい漢字にはふりがなを振り，難しい用語は＊を付けて別途解説するようにした。
◆各項目ごとに，そこで学ぶ重要事項や見落としそうな項目をキーフレーズで強調し，記憶に残るようにした。
◆過去の試験によく出題された選択肢や出題されそうな選択肢を提示し，読者が○×式で解答することによって，その項目の理解度がチェックできるようにした。
◆学習の過程でつい錯覚しがちな箇所をピックアップし，細かく解説した。
◆各セクションごとに実問題（実際の過去問題）を出題。セクションごとの理解度や実力が確認できるようにした。また，これらの実問題を利用して合否の自己診断ができるように工夫した。各問いの難易度ランクは★の数が多いほど難易度が高くなります。

　本書を徹底活用することで，多くの方々が秘書検定に合格されることを願っています。

主な登場人物

上司
快活で温厚な性格だが，仕事には厳しい。よい秘書の的確な補佐で，仕事がはかどると喜んでいる。

よい秘書
的確な対応をするので上司に気に入られている。ときどき同僚のダメ秘書の相談に乗っている。

ダメ秘書
悪い性格ではないが，そそっかしく思い込みが激しく，失敗の連続である。しかし，なんとか一人前の秘書になろうと頑張っているので憎めない存在である。

先輩秘書
秘書業務に精通し，後輩の面倒見がよい。後輩の間違いに対しては，丁寧に教えるよう心がけているが，ダメ秘書の指導には苦労している。

● 秘書検定の受け方 ●

1．秘書検定の範囲
試験は「理論領域」と「実技領域」に分けられます。理論領域には「I 必要とされる資質」「II 職務知識」「III 一般知識」が含まれます。実技領域には「IV マナー・接遇」「V 技能」が含まれています。

2．合格基準
理論領域・実技領域とも，それぞれの得点が60％以上のとき合格となります。どちらか一方が60％未満のときは不合格となります。

3．試験方法
3級は筆記試験だけです。問題の約90％がマークシート方式であり，5つの選択肢から一つだけ選ぶ択一問題になっています。残りは記述式です。試験時間は110分です。

4．受験資格
誰でも受験することができます。学歴・年齢その他の制限は一切ありません。

5．試験実施日
原則として，毎年2月，6月，11月に実施されます。

6．申込受付期間
試験日のほぼ2カ月前から1カ月前までが受付期間となります。検定協会所定の「受験願書」が付いている「秘書検定案内」又は，ホームページで確認してください。

7．受験申込方法

(1) 個人申込の場合
次の二通りの申し込み方法があります。
　①インターネットで申し込む：パソコン，タブレット，スマートフォンから秘書検定ホームページへアクセスし，コンビニエンスストアまたは，クレジットカードで受験料を支払う。
　②郵送で申し込む：現金書留で，願書と受験料を検定協会へ郵送する。
　　　　　　　　　（願書は検定協会より取り寄せる）

(2) 団体申込の場合
学校などを単位にしてまとめて申し込みをする場合は，検定協会所定の「団体申込用受験願書」が必要です。「受験願書」に必要事項を記入し，受験料を添えて必ず学校等の担当者に申し込んでください。

8．その他
試験会場，受験料，合否通知，合格証の発行等，また全国のテストセンターで実施のコンピューターを使用して秘書検定（2級・3級）を受験するCBT試験については秘書検定のホームページをご覧ください。不明の点は下記へお問い合わせください。

公益財団法人　実務技能検定協会　秘書検定部
〒169-0075　東京都新宿区高田馬場一丁目4番15号
電話 03（3200）6675　FAX 03（3204）6758　https://jitsumu-kentei.jp/

第1章

必要とされる資質

秘書の心構え

社会人としての自覚と心構え

■これだけは押さえておきたい
Key フレーズ 「責任感と協調性は社会人としての基本」

秘書という職務を意識する前に，まず社会人としての自覚や職業人としての基本を身に付けておくことが求められます。適切な「あいさつ」ができることは当然のことですが，「責任感」と「協調性」も欠かすことのできない資質です。

☆ 社会人，職業人としての基本資質

組織の中での仕事は，単独で完結するものではなく，さまざまな人が関係して進められていきます。ある人の仕事が遅れれば，関係する仕事全体に支障を来してしまいます。社会人，職業人としては次のような基本的な資質が求められます。

◆**責任感**

最後まで責任を持って仕事をやり遂げることは職業人として最も重要なことです。

また，仕事には期限や予算などの制約があるため，指定された条件の中で仕事をする責任があります。

◆**協調性**

組織の中での仕事はチームワークが重要です。上司，先輩，同僚，その他の関係者と協力して進めていくには協調性は不可欠です。

◆**正確性**

指示を守り，ミスのない仕事が要求されます。

◆**コスト*意識**

余分な費用や時間がかからないように，効率的に仕事を進めていくことが大切です。

Let's Study!
よく出る問題

■秘書として適当＝○か不適当＝×か考えてみよう。

□①仕事は納得がいくまでやる性格。

□②誰の力も借りず，自分の責任でやり遂げることを好む。

解説：①仕事は自己満足のためのものではない。期限や効率を考えてする。

解答＝×

②関係者との協力や助言を得てすることが大切。

解答＝×

Check 用語 【コスト】　物を生産するのにかかる費用。人件費もコストになるので，余分な時間をかけるとコストが増えることになる。

☆ マナーを守る

　会社では価値観も性格も違うさまざまな人が仕事をしていますが，秘書は誰とでも等しく付き合うことが求められます。以下の点に注意して基本的なマナーを身に付け，誰とでも感じよく接するように心がけます。

- ●礼儀正しくし，あいさつ，お辞儀は欠かさない。
- ●丁寧な言葉遣いをし，敬語を正しく使う。
- ●折り目正しい態度で接し，上下関係を心得る。

Let's Study!
よく出る問題

■適当＝○か不適当＝×か考えてみよう。
□　外出先から帰った上司に「ご苦労さまでした」と言う。
解説：「ご苦労さま」は目下の人に使うあいさつ。目上の人には，「『お疲れさま』でした」が正しい。
解答＝×

☆ 自己管理・自己啓発を心がける

　職場でいきいきと働くためには，自己管理が欠かせません。また，職業人として成長していくためには，与えられた仕事を単にこなすだけでなく，積極的に自己の能力向上を図り，仕事の質を高めるとともに守備範囲を広げていく努力が必要です。

◆自己管理

　常にベストな状態で仕事をこなすためには，体調を維持するための健康管理は欠かせません。ビジネスの場では，時間管理と金銭管理が特に重要です。

¥1000
¥5000

時間管理と金銭管理はルーズにならないように！

◆自己啓発

　現状に満足せず，常にチャレンジ精神を発揮して自分の能力を高めていくことが自己啓発です。無理をせず，一歩一歩着実に成果を挙げていくことが自己啓発の王道です。そのためには，以下のようなステップを踏んでいくとよいでしょう。

①まずは，自分の仕事の勉強から始める。
②その仕事をマスターする。
③仕事に関連する周辺業務を理解する。
④一段高いレベルの仕事を目標に努力する。

Let's Study!
よく出る問題

■適当＝○か不適当＝×か考えてみよう。
□　自分の能力をわきまえ，能力以外の仕事には手を出さない。
解説：できる仕事だけやっていては，能力向上につながらない。
解答＝×

2 上司の補佐役としての秘書

Key フレーズ 「秘書は上司の公務・私事を補佐する」

秘書は上司の補佐役です。雑務を引き受ける仕事上の補佐とともに，上司の私的な用事も補佐します。

☆ 補佐役としての心構え

上司が本来の仕事に専念できるように，上司の周辺雑務など細かい仕事を引き受けるのが秘書の役目です。そのためには次のような心構えが必要となります。

◆上司の陰の力に徹する

秘書は裏方であることを自覚し，目立った行動や服装は慎むようにします。

◆上司の指示を確実に実行する

上司の指示内容を勝手に判断せず，上司の指示通り，確実に実行します。

◆上司を理解し，上司の意向に沿って動く

秘書は，上司の意向に沿って仕事をすることが求められます。そのためには，上司の性格や好みを把握したり仕事の仕方や行動パターンを理解しておく必要があります。

Let's Study!
よく出る問題

■適当＝○か不適当＝×か考えてみよう。
□①日常業務については，自分の判断でしている。
□②上司の性格や好みを知っておくため，私生活について多く知るようにしている。

解説：①日常業務については秘書の判断で行って構わない。
解答＝○
②性格や好みを知るのはよいが，積極的に私生活まで知る必要はない。
解答＝×

これは 間違い！

前の上司の仕事の進め方は……

人事異動で新しい上司に付くことになりました。仕事をスムーズに進めるために，新しい上司をよく理解すると同時に私のことも理解してもらえるように努力します!!

間違いの理由

前の上司の仕事の進め方にこだわるのはいけません。また，前の上司と比較するのも厳禁です。新しい上司を理解して，意向に沿った仕事をしましょう。

間違いの理由

上司を理解するのはよいのですが，秘書は上司に自分を理解してもらうという立場にはないのです。

☆ 上司の私的な補佐や身の回りの世話

上司が本来の仕事に専念できるように，秘書は仕事上の雑務の他に，上司の私的な雑用や身の回りの世話をします。

◆上司の健康管理に気を配る

上司に持病がある場合，あるいは過労気味のときは，秘書としても上司の健康管理には十分に気を配らなければなりません。

◆日常的な雑務

車の手配やお茶・食事の世話などがあります。暑い日に外から帰社した上司に冷たいおしぼりや飲み物を出すなど，状況に応じた気配りが必要です。

◆私的雑務の世話をする

上司の私的冠婚葬祭の雑務の手伝いや家族との連絡など，私的な用事も快く引き受けます。

> **Let's Study!**
> よく出る問題
>
> ■適当＝○か不適当＝×か考えてみよう。
> □①上司の主治医の電話番号を控えておく。
> □②健康診断の予約をし，診断結果を聞いておく。
> □③上司の私的な用事も快く引き受け，優先的にするように心がけている。
> 解説：①秘書として知っておくべきことである。
> 解答＝○
> ②診断結果はプライベートなこと。秘書が知るべきことではない。
> 解答＝×
> ③優先する必要はない。
> 解答＝×

☆ 人間関係のパイプ役となる

秘書は上司と上司の関係者との間に立ち，好ましい人間関係づくりの橋渡し役となることが必要です。また，仕事上つながりがある社内の各部署の関係者との人間関係を良好に保っておくことも大切です。

◆社外の人とのパイプ役

上司に関係するお客さまや取引先，業界関係者，報道機関などとのパイプ役になります。誰に対しても公平で，誠実な態度で接するようにします。

上司　秘書　お客さま・取引先など関係者
関係部署　先輩・同僚・後輩

◆社内の関係各部署とのパイプ役

仕事以外のことでも親しく話すなど，積極的に各部署の社員と交流を図るようにします。

良好な人間関係をつくるように努力しています。

3 指示を受けるときの留意点

Key フレーズ 「指示はメモを取り，疑問点は最後に聞く」

上司から指示を受ける場合は，必ずメモを取り，不明な点や疑問点は最後に
まとめて聞くようにします。

☆ 指示の受け方

指示を正確かつ確実に実行するためには以下の点に留意します。

◆指示を正確に受けるポイント

- ●指示を受けるときは，必ずメモを取る。
- ●指示内容は最後までしっかりと聞く。
- ●疑問点があれば，指示の後で質問する。
- ●指示の最後に，要点を復唱して確認する。
- ●二つ以上の指示があるときは，上司に仕事の
  優先順位を決めてもらう。

◆指示を確実に実行するポイント

- ●上司に指示されたことは忠実に守る。
- ●指定された仕事の期日は必ず守る。
- ●仕事の途中で疑問点が出てきたら，仕事を指
  示した人に確認する。
- ●自分勝手な判断で仕事を進めない。
- ●仕事の結果は，速やかに正しく報告する。

Let's Study!
よく出る問題

■適当＝○か不適当＝×
か考えてみよう。
□①上司の指示の不明な
点は，忘れないよう
にその都度聞く。
□②上司の指示の不明な
点は，最後にまとめ
て聞く。
□③上司の指示が長くな
りそうなときは，一
段落したところで聞
く。
解説：①その都度聞くと，
上司の話の腰を折って
しまう。
解答＝×
②，③不明な点は最後に
まとめて聞くのが原則
だが，指示が長いとき
は，話が一段落したと
ころで聞いてもよい。
解答＝ともに○

これは間違い！

上司は仕事を指示した後，よく変更する
ことがあります。
それで，次に指示されたときには，変更
可能な期限を伝えておき，「それ以降だと
出来上がりは遅くなりますが，よろしい
でしょうか」と確認を取っておくようにし
ようと思っています…グッドアイデア!!

間違いの理由

上司が指示後に変更するのは状況が変わったからで，それに対応してこそ秘
書。期限を付けて，「それ以後変更するなら……」などといったことは，秘
書の言うべきことではありません。

第1章　必要とされる資質

☆ 仕事が重なったときや，期日に間に合わないときの対応

　上司から指示された仕事中に，さらに幾つかの仕事を指示される場合があります。また，急ぎの仕事を指示され，一人では期日に間に合わなくなったりする場合もあります。このようなときには，次のような対応をします。

◆仕事が重なったときの対応

- ●上司に現在手がけている仕事の進み具合を報告し，優先順位の判断を求める。
- ●一度に二つ以上の仕事を指示されたときは，上司に優先順位を決めてもらう。
- ●自分勝手な判断をしない。

◆期日に間に合わないと思ったときの対応

- ●指示されたとき，仕事が期日に間に合わないと思ったときは，上司に現状を説明し，見通しを話して上司の判断を求める。
- ●引き受けた後，仕事が期日に間に合わないと思ったときは，できるだけ早く上司に報告し，指示を仰ぐ。

Let's Study! よく出る問題

■適当＝○か不適当＝×か考えてみよう。（仕事を引き受けた後，期日に間に合わないと思ったとき）

□①上司に期限までには無理なことを話して，誰かに手伝ってもらってよいか尋ねる。

□②自分で同僚に手伝いを頼む。

解説：①無理なら何らかの対応が必要なので，できるだけ早く上司の指示を仰ぐ。
解答＝○
②自分勝手な判断をしてはいけない。上司の判断を仰ぐ。
解答＝×

☆ 上司が指示ミスをしたときの対応

　ときには上司がミスをすることもあります。秘書としての立場をわきまえ，適切な対応を心がけましょう。

- ●上司のミスを自分勝手な判断で訂正，処理したりしない。上司に確認し，その指示に従う。
- ●批判めいた口調にならぬように注意。ミスを指摘するのではなく，あくまでも謙虚に確認する。

私の聞き違いではないかと思うのですが……

このような謙虚な聞き方をします。

4 機密を守る

Key フレーズ 「機密を聞かれたら『知る立場にない』と言う」

他部署の上役や関係者などから，機密事項について聞かれることがあります。その際は，曖昧な態度や思わせぶりな言い方をしないで，きっぱりと「知る立場にない」と言うことが大切です。

☆ 機密事項を守る重要性

秘書の口から漏れた一言が，全社に波紋を広げるだけでなく，株価の変動など社会的な影響をもたらすことがあります。機密事項[*]に触れる機会が多い秘書は，機密を守ることに細心の注意が必要です。

◆会社に関する機密事項

報道機関に発表されていない重要事項は全て機密事項と心得ておきます。また，人事異動や組織変更情報も，社内だけでなく取り引き会社等外部にも影響を与えるので，軽々しく考えてはいけません。会社に関する機密事項には以下のようなものがあります。

- ●人事異動情報や組織変更に関する事前情報。
- ●企画，開発，新製品などの情報。
- ●会社合併情報や新会社設立情報。

◆上司に関する事項

秘書は上司のプライベートな情報を知る立場にありますが，以下のようなものは外部へ漏らさないように留意します。

- ●家族に関する情報。
- ●持病など病気に関する情報。
- ●交友関係や私的行動に関する情報。
- ●その他，自宅の電話番号，携帯電話番号，
  E-メールアドレスなどの個人情報。

))))) **これは 間違い！**)))))

仕事上知った機密事項は絶対誰にも口外してはいけないので，同僚はもちろん，口が堅い秘書と思われるように上司にも話さないように心がけています。

間違いの理由

仕事上の機密なら上司に話しても何ら問題はありません。

用語 Check 【機密事項】 機密事項には，「極秘」，「秘」，「部外秘」，「社外秘」などがある。

☆いかにして機密事項を守るか

　機密を守りきることが「信頼のおける秘書」としての評価にもつながります。普段から次のことに注意しましょう。

◆機密を守るための基本的な心得

- ●誰に聞かれても,「自分は機密を知る立場にない」ことをはっきり示し,曖昧な受け答えをしない。
- ●離席するときは,机の上の書類を裏にするか引き出しにしまう。
- ●重要な秘密書類は,保管から破棄まで注意して扱う。
- ●コンピューター画面に機密事項を表示するときは,周りに注意する。
- ●重要な文書類はむき出しで持ち歩かない。
- ●文書・磁気データ類は,必要なとき以外は社外に持ち出さない。
- ●社外に持ち出す場合,機密文書類が入ったバッグなどを電車の網棚などには置かない。

◆強固な意志を持って機密を守る

　自分から意図して機密を漏らす気がなくても,ついうっかり口をすべらしてしまうことがあるので,「何があっても機密を守る」という強固な意志を持っていることが大切です。また,以下のような勝手な判断で他言してしまうことがないよう注意しなければなりません。

- ●他部署の,地位が高い上役だから。
- ●世話になった前の上司だから。
- ●口が堅い同僚なので。
- ●自分から聞いたと言わないなら。
- ●核心に触れない程度なら。
- ●会社に何の関係もない友人だから。

Let's Study!
よく出る問題

■適当＝○か不適当＝×か考えてみよう。
□　他の社員がうっかり開けないように,重要書類の入った封筒には「秘」のマークを付けておく。
解説：重要書類が入った封筒に「秘」マークを付けるのは,その存在を皆に知らせるようなもの。解答＝×

これは間違い！

秘書は機密を守るのは鉄則です。でも,機密だからこそ人は聞きたがります。
だから一番いいのは,他の社員とは仕事上必要以外の話をしないように心がけることですよね。これで機密保持は万全!!

間違いの理由

機密を守るためとはいえ,他の社員との交流を狭めてはいけません。

1 難易度 ★☆☆☆☆ できないと キビシ～!!　　　　チェック欄 ☐

秘書Aの上司はあまり仕事の指示をしないので，Aは日常的な仕事以外は自分から進んでしないようにしている。これに対してAは先輩から，「秘書の仕事の仕方を知るように」と言われた。Aはこれがどのようなことか，次のように考えた。中から<u>不適当</u>と思われるものを一つ選びなさい。

1）上司が何をしてもらいたいかを，表情や言動などから察するようにということではないか。
2）指示を待つだけでなく，何か手伝うことはないか聞いてみるようにということではないか。
3）日常的な仕事でもよりよくするため工夫をするなど，積極的に取り組むようにということではないか。
4）先輩に秘書の仕事の仕方を尋ね，その中から自分ができそうなことをするようにということではないか。
5）上司の指示がないのは日常的な仕事ができているからなので，今の仕方を続けるようにということではないか。

2 難易度 ★★☆☆☆ できないと アヤウイ!　　　　チェック欄 ☐

新人秘書Aは社内研修で講師から，「職場では何事も時間を守ることが大切」と教えられた。次はAが，なぜ大切か考えたことである。中から<u>不適当</u>と思われるものを一つ選びなさい。

1）時間を守らないと，上司に迷惑がかかるから。
2）時間を守れば，お互いが気持ちよく過ごせるから。
3）時間を守らないと，それをまねる人が出てくるから。
4）時間を守らないと，周囲から信用されなくなるから。
5）時間を守って仕事をすることで，効率も上がるから。

3 │ 難易度 ★★☆☆☆ │ できないと アヤウイ! │ チェック欄 │

　秘書Aは上司から，「取引先のL氏に相談したいことがあるので面会の予約をしてもらいたい」と言われた。そこでL氏の秘書に電話をしたところ，現在出張中で3日後に戻るとのことである。このような場合，Aはどのように対処すればよいか。次の中から適当と思われるものを一つ選びなさい。

1) L氏の秘書に，上司が相談したいことがあるので出張先の電話番号を教えてもらえないかと頼む。
2) 電話を切った後上司に，L氏は明後日まで出張しているので，戻るころ電話してみたらどうかと言う。
3) L氏の秘書に，上司が相談したいことがあるのでL氏から上司に電話をくれるよう話してもらえないかと頼む。
4) 電話を保留にして上司に，L氏から電話をもらうようL氏の秘書に頼むので相談の内容を教えてもらえないかと言う。
5) 電話を切った後上司に，L氏は出張中で3日後に戻るそうなのでそのころ改めて電話すると伝えたが，それでよいかと尋ねる。

4 │ 難易度 ★★★☆☆ │ できて ひとまずホッ!! │ チェック欄 │

　秘書Aは上司から，「急だが，もうすぐ客が4人来ることになったので準備を頼む」と言われた。次はそのことに関してAが上司に確認したことである。中から不適当と思われるものを一つ選びなさい。

1) 出すのは日本茶でよいか。
2) どのような用件で来るのか。
3) 面談時間はどのくらいの予定か。
4) 応接室にするか会議室にするか。
5) かかってくる予定の電話はどうするか。

5 難易度 ★★★☆☆ できて ひとまずホッ!!　　　チェック欄 □

　人事部長秘書Aは他部署のJから，「私の上司が本社に栄転するといううわさを聞いたが本当か。人事部にいるなら知っているのではないか」と言われた。Aは上司が話しているのを耳にしているので，うすうすは知っている。このような場合，AはJにどのように言うのがよいか。次の中から適当と思われるものを一つ選びなさい。

1）Jの上司のことだから，話してよいかどうかを人事部長に聞いてみようか。
2）人事のことは知っていても教えられない。自分の立場を分かってもらいたい。
3）部長秘書は人事部にいても仕事が違うので，そのようなことは知る機会がない。
4）何か根拠があってのことだろうから，うわさを聞いたのなら出どころを確かめたらどうか。
5）自分からは言えないが，うわさになっているならいずれ分かるだろうから少し待ったらどうか。

6 難易度 ★★★★☆ できたら拍手! 視界良好　　　チェック欄 □

　次は秘書Aが，日ごろ心がけていることである。中から<u>不適当</u>と思われるものを一つ選びなさい。

1）上司から仕事を指示されたときは，できるだけ期限前に仕上げるように努力している。
2）上司から注意を受けたときは，言い分があってもその場では言わないようにしている。
3）上司から「君はどう思うか」と聞かれたときは，感じたことを素直に話すようにしている。
4）上司宛ての電話を取り次ぐときは，相手の会社名と名前をメモして上司に渡すようにしている。
5）上司が不在中の来客の用件は，報告のためにできるだけ詳しく書き留めておくようにしている。

1＝5）先輩は，日常的な仕事以外は進んでしないＡの仕事の仕方に対して，秘書の仕事の仕方を知るようにと言っているのである。ということは，現状ではいけないということだから5）は不適当である。

2＝3）時間を守ることは社会人としての基本であり，その理由は3）以外のこと。まねるような人は，個人のモラルの問題だからこの場で考えることではない。従って，筋が違っていて不適当ということである。

3＝5）相談したい相手が出張中なら，戻るのを待つのが一般的な対処。従って，取引先には戻るころ改めて電話すると伝えることになる。が，相談したいのは上司だから，それでよいかと上司に尋ねて確認しないといけないということである。

4＝2）急に客が来ることになったのである。となれば，お茶や場所などはもちろん予定変更に伴うことの確認が必要になる。どのような用件で来るのかは準備には関係ないので不適当ということである。

5＝3）人事に関することは公表されるまで秘密にするのが原則だから，少しも知っていそうな言い方をしてはいけない。従って，知る機会がないなどと言うのが適当ということである。

6＝4）上司へ電話を取り次ぐときメモして渡すのは，例えば，面談中なら来客へ配慮してのこと。上司だけなら配慮する相手がいないのだから，口頭でよい。従って，メモして渡すようにしているなどは不適当ということである。

合否自己診断の目安

　正解率60％以上を合格の目安としてください。ここでは，6問出題したので，4問以上の正解でクリアです。

1　秘書の心構え	6問中　　　問正解　●正解率＝　　　　％

実際の試験では，配点は公表されていませんが，理論領域と実技領域で，それぞれ60％以上の得点で合格となります。今後，各セクションごとに過去問題を出題しますから，合否の目安として60％以上の正解率を勝ち取るように頑張ってください。
さて，この「秘書の心構え」で4問以上正解できましたか？
ン!?，クリアできなかった？
まあ，落ち込まないで，次で取り返せばOKですよ。

SECTION 2 秘書に必要な条件

Lesson 1 秘書に求められる能力

「基本能力は，判断力・記憶力・表現力・行動力」

秘書にはさまざまな能力が要求されますが，特に基本となるのは判断力・記憶力・表現力・行動力の四つの能力です。この四つの能力がどのように必要とされているのかを理解しておくことが重要です。

☆ 判断力・記憶力・表現力・行動力

　上司の指示を確実に実行し，日常業務を効率的に遂行していくためには，次の四つの能力を備えておく必要があります。

◆判断力

　通常，仕事上の判断は上司がしますが，日常業務などでは，秘書が自分で判断し，実行していくことが求められます。そのときは，次の注意点を守ります。

- ●どの仕事を優先すべきか判断する。
- ●日常業務で仕事の能率がよくないときなどは，何が問題なのかを探し出して，どうすればよいかを判断し，最適な選択肢を選ぶ。
- ●突発事態に対しては，冷静に状況を把握・分析し，素早く的確に対処する。
- ●よりよく仕事を処理するにはどうすればよいか，状況に応じて手順や方法を考える。

◆記憶力

　記憶力がよければ仕事の能率を上げたり，来客との人間関係を好ましいものにもできます。以下の基本は押さえておきましょう。

- ●来客の顔と名前が一致するように特徴を覚えるなど，上司に関わる関係者のデータを把握するよう日ごろから心がける。
- ●記憶力を過信せずに，必ずメモを取る。

Let's Study!
よく出る問題

■適当＝○か不適当＝×か考えてみよう。
- □①上司を補佐するために，秘書には何事も自分の判断で進める能力が求められる。
- □②日常業務でも，判断に迷ったら上司に相談することが大切だ。
- □③秘書に求められる能力は主観的な判断である。

解説：①何事も秘書が判断するということではない。スケジュールや面会の決定など上司が判断することは少なくない。
解答＝×
②自分で判断できないときは上司に相談する。
解答＝○
③判断は客観的でなければならない。
解答＝×

記憶力を過信してはいけません。

◆表現力

　仕事では，用件を正確に分かりやすく伝えるための表現力が必要となります。以下の留意点を押さえておきましょう。

- ●伝言を頼まれたときは，「誰が」，「いつまでに」，「どういうことを」といった要点を押さえて正確に表現する。
- ●ビジネスの場で必要な表現をマスターする。
- ●電話では，氏名などの表記，数字や場所が正確に伝わるように表現方法を工夫する。
- ●文書作成では，美しく読みやすい文字で書く。
- ●正しく敬語を用い，感じのよい言葉遣いを心がける（正しい言葉遣いは基本）。

職場では，
×「ちょっと
　　お待ちください」
ではなく，
○「少々
　　お待ちください」
を使っています。

◆行動力

　日常的な業務はもとより，突発的な用件に対しても，素早く適切に処理できる行動力が求められます。以下のようなことを心がけます。

- ●指示された仕事は時間的にゆとりがあっても，後回しにせず，てきぱきと処理していく。
- ●不意の指示でも，慌てずすぐに行動に移せるように心がける。そのためには，日ごろから起こり得るさまざまな事態を想定しておくとよい。

機敏な行動をとるためには，それにふさわしい服装選びも大事。

☆ 経験と知識が能力を高める

　能力は経験や知識，教養を積み重ねることによって高められます。秘書業務に関する知識だけでなく，幅広い分野に関心を持つようにしましょう。

- ●新聞には必ず一通り目を通す。
- ●趣味を広げ，教養を高める。
- ●コンピューターのビジネス関連ソフト等を積極的に学ぶ。

四つの能力

知識教養　判断力　記憶力　経験　能力　表現力　行動力

■これだけは押さえておきたい■

Key フレーズ 「協調性があり，誠実で機転（きてん）が利く人」

秘書に求められる人柄・性格の中で特に重視されているのは，「協調性」と「誠実さ」，「機転が利くこと」です。「機転が利く人」とは，状況に応じて即座に適切な判断ができる人のことです。

☆ 秘書に適した人柄と性格

秘書は自分の印象が，上司や会社の印象に影響を及ぼすことを常に意識して行動する必要があります。秘書に適した人柄・性格としては，以下のようなものが挙げられます。

- ●機転が利き，行動が機敏で正確である。
- ●協調性がある。
- ●誠実である。
- ●明るく活発である。
- ●謙虚で控えめである。
- ●素直で親しく人と接する。
- ●情緒が安定している。
- ●責任感が強く，機密を厳守する。
- ●向上心を持ち，努力家である。

Let's Study!
よく出る問題

■適当＝○か不適当＝×か考えてみよう。

□①機敏で，要領よく仕事ができる人は，秘書に適している。

□②人に左右されず，マイペースで仕事ができる人は，秘書に適している。

□③思慮深く，納得した上で行動できる人は，秘書に適している。

解説：①「要領よく」とは，手際がよいこと。「表面はよく見せ，手を抜くことがうまい」の意味もあるが，秘書検定では前者の意味で使う。
解答＝○

②言い換えれば，頑固で自分本位な人のことである。秘書には向かない。
解答＝×

③言い換えれば，納得しなければ行動しない人である。秘書には向かない。
解答＝×

これは 間違い！

素直さは秘書に求められる人柄の一つです。
上司に対しても，思ったことはそのまま素直に，はっきりと話すように心がけています。

間違いの理由

「素直」イコール「思ったことをそのまま口に出すこと」ではありません。素直な人とは，穏やかで人に逆らったりしない人のこと。秘書は誰に対しても，言葉を選んで話さなければなりません。口に出してよいことと悪いことの判断ができなければ，秘書として失格です。

求められる秘書像

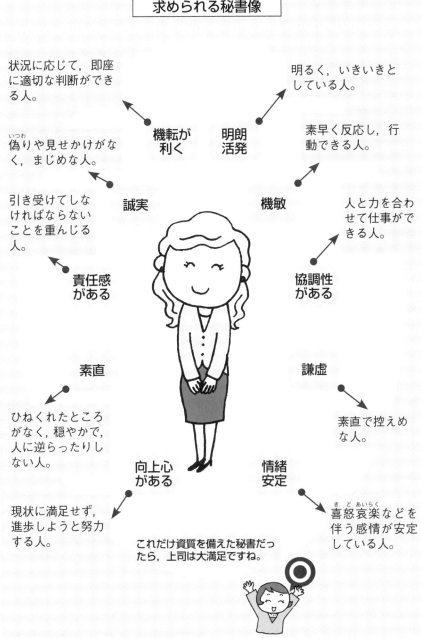

状況に応じて，即座に適切な判断ができる人。

機転が利く

偽りや見せかけがなく，まじめな人。

誠実

引き受けてしなければならないことを重んじる人。

責任感がある

素直

ひねくれたところがなく，穏やかで，人に逆らったりしない人。

向上心がある

現状に満足せず，進歩しようと努力する人。

明るく，いきいきとしている人。

明朗活発

素早く反応し，行動できる人。

機敏

人と力を合わせて仕事ができる人。

協調性がある

謙虚

素直で控えめな人。

情緒安定

喜怒哀楽などを伴う感情が安定している人。

これだけ資質を備えた秘書だったら，上司は大満足ですね。

■これだけは押さえておきたい■
Key フレーズ　「機能的で品位を保った装い」

秘書は機敏に動き回ることが求められるので，服装や靴は機能的なものが適しています。また，秘書の印象は会社のイメージを左右するため，品位を保った身だしなみを心がけなければなりません。

☆ 望ましい身だしなみ

秘書としての身だしなみは，清潔感があり，かつ機能的であることが基本となります。また，企業イメージとの調和も大切なポイントです。この他，以下のことを心得ておきましょう。

- ●服装………………自分の個性に合った，清潔で活動しやすいものを選ぶ。
- ●化粧………………ナチュラルメイクを心がけ，華美にならないように。
- ●マニキュア………控えめな色が好ましい。
- ●アクセサリー……派手なものや仕事の妨げになる大きさのものは避ける。
- ●髪…………………お辞儀をしたとき髪が顔を覆わない程度の長さに。長い髪は後ろにまとめる。
- ●靴…………………活動しやすい，中ヒール程度の高さのもの。

Let's Study!
よく出る問題

■適当＝○か不適当＝×か考えてみよう。
□①化粧は控えめがよいが，口紅は明るい方がよい。
□②マニキュアは口紅の色に合わせるのがよい。
□③アクセサリーは，上品に見えるように小ぶりのものを幾つも着けている。
解説：①秘書として適切な心得です。
解答＝○
②マニキュアは爪の色を健康的に見せる程度の控えめな色がよい。口紅の色に合わせると派手になってしまう。
解答＝×
③アクセサリーはポイントとして着けるもの。たくさん着けては上品さを損なう。
解答＝×

これは 間違い！

会社の上層部の人と行動を共にして人と接することが多い女性の秘書は，言ってみれば会社の華。一般の女子社員と区別するためにも，華やかな服装をするのが秘書の心得。

間違いの理由

秘書は人と接することが多いのでイメージは大切ですが，上司の補佐役であって，会社の華ではありません。補佐役である秘書は，目立たない陰の存在でなければなりません。華美な服装などは厳禁。また，一般の女子社員と区別する必要もありません。ちょっと心得違いをしているのではないですか!?

動きやすく機能的。
しかも，清潔感があ
り，色の組み合わせ
も,バランスもよい。
ウム，いい感じです。

☆ ビジネスに不向きな装い

　社員の服装は，企業のイメージや社員のビジネスに対する姿勢を表すと言われます。それだけに，会社を代表するトップ層と行動を共にする秘書の服装には注意が必要です。ビジネスの場では，基本的にスーツを着用するようにし，カジュアルなもの，スポーティーな服装は避けなければなりません。以下は避けたい装いの一例です。

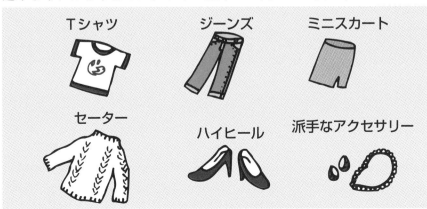

次は新人秘書Aが，秘書としてどのような人柄や仕事の仕方が望まれるか考えたことである。中から適当と思われるものを一つ選びなさい。

1）堅実で，いつでも自分のペースで仕事をする。
2）積極性があり，何事も自分で決めて仕事をする。
3）落ち着いていて，突然の出来事にも慌てず対処する。
4）決して出しゃばらず，常に上司の指示を待って仕事をする。
5）好奇心が旺盛で，上司の私的なことも興味で知ろうとする。

新人秘書Aは，急用ができたため午後から早退したい。初めてのことなので先輩に尋ねたところ，上司（部長）に早退の了承を得て，次のことをするように教えられた。中から不適当と思われるものを一つ選びなさい。

1）上司に断って，自分（A）の代わりを誰かに頼むこと。
2）代わりを頼む人には，早退の理由を話しておいた方がよい。
3）代わりの人を頼んだことは，取り立てて部員には知らせなくてもよい。
4）やりとりのある他部署の秘書には，早退を知らせておくこと。
5）連絡待ちなどの用件があるときは，代わりの人に伝えておくこと。

3　難易度 ★★★☆☆　 できて ひとまずホッ!!　　チェック欄 □

　次は秘書Aが，他部署の秘書について感じていることである。中から秘書の人柄として**不適当**と思われるものを一つ選びなさい。

1) B ―― 口が堅く面倒見がよいので，同僚や後輩などから頼りにされる人である。

2) C ―― 同僚とも仕事以外のことは話さない，公私がはっきりしている人である。

3) D ―― 仕事が立て込んでいても要領よくてきぱきと処理する，行動的な人である。

4) E ―― 服装や持ち物に流行をさりげなく取り入れている，センスのよい人である。

5) F ―― 指示された仕事は多少無理をしてでもその期日を守る，責任感のある人である。

4　難易度 ★★★★☆　できたら拍手! 視界良好　　チェック欄 □

　秘書Aの上司（部長）が外出中，取引先のS部長が，上司に仕事のことで話があると不意に訪ねてきた。上司は社外の会議に出席していて1時間後に戻る予定である。このような場合，AはS部長にどのように対応するのがよいか。次の中から**不適当**と思われるものを一つ選びなさい。

1)「伝言でよければ聞いておき，戻ったら伝えるがどうか」と尋ねる。

2)「戻るのは1時間後の予定だが，どのようにすればよいか」と尋ねる。

3)「社外の会議に出席しているが，急ぐなら連絡してみようか」と尋ねる。

4)「戻り次第こちらからS部長に電話をするが，それでよいか」と尋ねる。

5)「課長が在席しているので，代わりに話を聞くということではどうか」と尋ねる。

1＝3）秘書は上司の行動に合わせて仕事をする。上司の行動は事前に決まっていることと，そうでないことがあり，秘書は臨機応変な対応が求められる。となると，秘書として望まれるのは 3）ということになる。

2＝3）早退をするときは，誰に代わりを頼んだかを部員にも伝えておかないと仕事に支障が生じるかもしれない。従って，取り立てて部員には知らせなくてもよいというのは不適当である。

3＝2）公私がはっきりしているとは，会社での仕事と個人に関することの区別ができることだからよい。が，同僚と仕事以外の話をすることによって，お互いに意思疎通ができ仕事がしやすくなることもある。従って，仕事以外のことは話さないなどは不適当ということである。

4＝3）相手は取引先の部長だから，社外の会議に出席しているなどと外出の理由を言うものではない。また，不意に訪ねてきた場合，外出していると言えば相手はそれなりに対応する。この状況で急ぐなら連絡しようかと尋ねるなどは不適当ということである。

合否自己診断の目安

　正解率60％以上を合格の目安としてください。ここでは，4問出題したので，3問以上の正解でクリアです。

　ただし，「第1章　必要とされる資質」全体では，合計10問なので，6問正解でクリアとなります。

2　秘書に必要な条件	4問中 □ 問正解 ●正解率＝ □ ％

第1章　必要とされる資質（計）	10問中 □ 問正解 ●正解率＝ □ ％

さて，これで第1章の「必要とされる資質」は終了です。
全部で10問ですが，6問以上正解できましたか？
ラクラクOK？
そう，その調子でどんどんクリアしていきましょう!!

第2章

職務知識

秘書の役割と機能

秘書の分類

■これだけは押さえておきたい■
Key フレーズ 「秘書検定の対象は，『間接補佐型秘書』」

秘書は，「直接補佐型秘書」と「間接補佐型秘書」の2種類に大別できますが，秘書検定で対象としているのは間接補佐型秘書です。普通の秘書はこのタイプであり，上司の雑務や身の回りの世話をして，間接的に上司を補佐します。

☆ 所属による分類

秘書がどこに所属しているかによって，以下の四つに分類することができます。

欧米企業に多いのが，マンツーマン型の個人付き秘書です。

◆個人付き秘書

特定の個人に付く秘書。秘書はどの部門にも所属せず，個人に専属します。特定の上司一人に付き，命令系統が一つなので仕事の範囲がはっきりします。

◆秘書課秘書

トップマネジメント*に付く秘書。秘書課に所属し，秘書一人で複数の上司を補佐したり，チームで複数の上司を補佐したりします。秘書課に所属していても，実際には特定の上司に専属で付くケースがほとんどです。直属の上司は秘書課長になります。

◆兼務秘書

ミドルマネジメント*に付く秘書。上司が統括する部門に所属し，部門内の業務をしながら，上司の補佐も兼務するというものです。

◆チーム秘書

プロジェクトチームや研究部門などのチームに付く秘書。チームの運営を円滑にするために，チーム全体を補佐します。

用語 Check 【トップマネジメント】　企業の経営者層のことで，社長，副社長，専務，常務などを指す。
【ミドルマネジメント】　部長，課長，支店長，工場長など中間管理職を指す。ちなみに，係長，主任などの管理職は，ロアマネジメント（現場管理職）という。

☆ 上司の職種別分類

　企業だけでなく，秘書はさまざまな分野で活躍しています。以下は上司の職種別に分類した秘書のタイプの　例です。

◆公務員関係の秘書

　高い職位の公務員や議員などに付く秘書。

- ●大臣や高官の秘書官。
- ●部局長・課長の補佐。
- ●都道府県知事秘書。
- ●国会議員秘書。

◆自由業や専門職の秘書

　特定の専門的職業者に付く秘書。

- ●弁護士や病院の秘書。
- ●公認会計士・税理士などの秘書。
- ●作家やタレント・大学教授の秘書。

弁護士に付くのが，法律秘書。病院に付くのは，医療秘書。それぞれ専門知識が必要です。

◆外資系商社や大使館の秘書

　外資系企業の役職者や大使館に所属する秘書。外国語や海外事情について詳しい知識が求められます。

- ●支店長秘書。
- ●外交官秘書。

第2章　職務知識

☆ 担当任務による分類

　上司に対する補佐の仕方で以下の二つに大別されます。

◆直接補佐型秘書

　上司の頭脳として専門的な知識や見識を持ち，さまざまな角度からアドバイスをしたり意見を述べたりします。また，上司に代わって面談するなど，一定の範囲内で上司の業務を代行します。「参謀型秘書」ともいわれ，上司に影響力を持ちます。

◆間接補佐型秘書

　上司の雑務や身の回りの世話などをして，間接的に補佐します。通常，企業で「秘書」という場合には，このタイプの秘書を指します。

■これだけは押さえておきたい■
Key フレーズ 「秘書の機能は，上司を補佐すること」

秘書の機能は上司を補佐することの一語につきます。上司の機能は，企業の目標達成や企業の発展のために，経営管理を行うことです。

☆ 上司と秘書の機能と役割の違い

上司と秘書は，それぞれ異なる機能を持っていて，その機能に基づいた役割を担っています。そして，それぞれの役割に従って個々の仕事を遂行していくことになります。

◆上司の機能と役割

企業は，社会に物を生産したりサービスを提供することによって，利潤*を追求していくという目的を持っています。上司は，この目的を実現するために，さまざまな意思決定をするなど，適切な経営管理をしていくことが求められます。

そしてこの機能を持つ上司は，要求された重要な役割を果たして企業の期待に応えていくことになります。

◆秘書の機能と役割

企業に要求された本来の機能・役割を遂行する上司にもさまざまな雑務があります。上司がこれらの雑務に関わっていると，本来の役割を果たせなくなります。そこで，それらの雑務や身の回りの世話を引き受けて上司を補佐する機能を果たす秘書が求められるようになったのです。

明日の会議の資料を整理しておきました。

そして，この機能を持つ秘書は，上司の日程管理や来客接遇などの役割を果たして上司の期待に応えていくことになります。

用語 Check 【利潤】 利益，もうけのこと。利潤追求は企業の最大の目的である。企業が上げた利益から，税金，株主への配当金等が支払われ，残りは積立金などとして企業内部に残される。

秘書と上司の違い

上司
（部長）

秘書

	機能	
経営陣の補佐 　事業方針に基づき，経営陣を側面から支える。		**上司の補佐** 　上司の雑務を代行し，上司が本来の仕事に専念できるような環境づくりをする。

	役割	
事業目標の達成を図る 　利益追求のために，部の課長に命じて事業目標の達成を図ること。		**上司の期待に応える** 　日程管理，来客接遇，電話応対，出張に関する事務……などの各種業務を行う。

第2章　職務知識

これは 間違い！

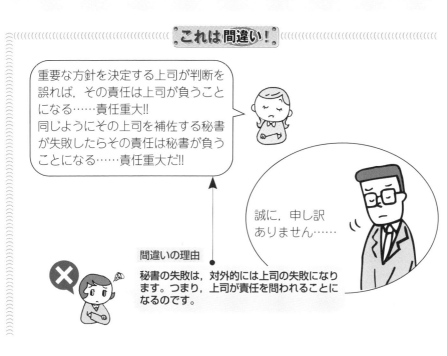

重要な方針を決定する上司が判断を誤れば，その責任は上司が負うことになる……責任重大!!
同じようにその上司を補佐する秘書が失敗したらその責任は秘書が負うことになる……責任重大だ!!

誠に，申し訳ありません……

間違いの理由

秘書の失敗は，対外的には上司の失敗になります。つまり，上司が責任を問われることになるのです。

3 秘書の職務における心構え

「定型業務以外，自分だけで判断しない」

日常的に行う定型業務*以外は，秘書の判断だけで処理してはいけません。

☆ 職務における基本姿勢

上司の補佐役である秘書は，自分の判断で仕事を進めてよい範囲と上司の指示や判断を仰ぐべき事柄を正確に理解しておく必要があります。特に上司が不在のときは，「急用だから」などの理由で，自分の仕事の範囲を越えた行動をしがちですが，自己流の解釈で行動したり，その場の思いつきで安易に物事を決定したりすることのないよう注意します。

Let's Study!
よく出る問題

■適当＝○か不適当＝×か考えてみよう。
□ 上司の出張中に，面会の申し込みの電話があった。その日は空いていなかったので，他の日はどうかと聞いた。
解説：「他の日はどうか」とは，会うことを前提にした話し方である。上司は会う意志がないかもしれない。面会するかどうかは上司が決めること。
解答＝×

◆定型業務以外は，上司の指示や許可を受ける

日常的に行う定型業務は，事前にどのようにするか上司と相談して決めておくことなので，その都度上司に相談する必要はありません。

非定型業務*は必ず上司の指示や判断を求めます。以下のようなケースは秘書が勝手に判断してはいけないことです。

●アポイントメント*のない来客があったとき。
●上司への面談の申し込みがあったとき。
●日程変更によるスケジュール調整。

◆上司不在時（連絡が取れない場合）の対応

出張や外出などで上司が不在のとき，上司の判断が必要な場合は，上司の代理（通常，上司のすぐ下の役職者）の人か秘書課長などに相談して，指示を受けます。

用語
Check 【定型業務】 日程管理，来客接遇，電話応対，環境整備，上司の身の回りの世話など日常的に行う決まっている仕事。
【非定型業務】 予定外の来客への応対，上司の急な出張，上司が指示する予定外の仕事，災害や盗難への対処などがある。
【アポイントメント】 面会・商談などの約束。アポ，アポイントともいう。

◆仕事に主観的な解釈や感情を持ち込むのは厳禁

　仕事をする上で，次のようなことは厳禁です。

- ●雑務だからといって，仕事を軽視する。
- ●不得手な仕事や面倒な仕事を後回しにする。
- ●自分勝手な解釈に基づいて行動する。

これは間違い！

アポイントメントがない不意のお客さまが来た場合は，秘書が勝手に判断してはいけません。それが鉄則です。その不意のお客さまを応接室に通すようにとのこと。お茶を出す必要はないと思うけど，一応上司に確認しないと……。

間違いの理由

不意の来客をどうするかは，上司が判断することですが，応接室に通したのなら，お茶を出すのは来客接遇の定型業務です。こんなことを確認するようでは……。

☆ 上司を理解し，良好な関係を築く

　秘書が上司を理解し，上司の信頼を得るためには次のことが必要です。

◆上司の基本的な人物像をつかんでおく

　以下は，上司について秘書が把握しておくべき項目です。

- ●仕事関係：主な仕事内容や職務権限，所属団体，人脈。
- ●生活環境：住所，利用駅，家族構成。
- ●人物特性：性格，趣味，好きなスポーツ，信条，好み，健康状態。

◆上司の信頼を得る

　仕事をスムーズに進めていくために，上司との間に強い信頼関係を築いていくことが大切です。そのためには以下のことに留意します。

- ●仕事を中心とした人間関係を築く。
- ●対話の機会を密にし，上司をよく理解する。
- ●上司の私事に深く立ち入らない。
- ●上司の仕事に必要以上の口出しをしない。
- ●職務上知った秘密を守る。
- ●上司の私的なことを他言しない。

人物特性
- ◆快活で温厚な性格
- ◆囲碁・麻雀が趣味
- ◆サッカーファン
- ◆信条は「継続は力」
- ◆和食，特に寿司と天ぷらが好物
- ◆健康状態は，極めて良好

1 難易度 ★☆☆☆☆ 😣 できないと キビシ～!!　　　　　チェック欄 □

　部長秘書Aは上司から，「M部長に返してきてもらいたい。借りていた資料だ」と封筒を渡された。このような場合，Aは上司にどのように言うのがよいか。次の中から適当と思われるものを一つ選びなさい。

1）「すぐに返しに行くが，M部長に伝えることはあるか」と言う。
2）「すぐに届けるが，届け終えたら報告した方がよいか」と言う。
3）「借りていた資料なら，直接返した方がよいのではないか」と言う。
4）「届けたら，受け取ったことをM部長から電話してもらおうか」と言う。
5）「今から私が返しに行くと，M部長に伝えておいてもらえないか」と言う。

2 難易度 ★★☆☆☆   できないと アヤウイ!　　　　　チェック欄 □

　秘書Aの上司（部長）は業界団体の理事でもある。Aは上司から，「急に業界団体の臨時理事会が行われることになった」と言われた。スケジュール表を確認すると，その日時には部長会議が入っている。このような場合，Aはどのように対処すればよいか。次の中から適当と思われるものを一つ選びなさい。

1）部長会議の担当者に話して，上司は欠席することになると思うと言っておく。
2）部長会議の担当者に話して，部長会議の日時を変更してもらえないかと頼んでおく。
3）上司に，その日時には部長会議が入っているが，どのように調整すればよいか尋ねる。
4）上司と部長会議の担当者に，部長会議と業界団体の理事会が重なったので調整してもらいたいと言う。
5）業界団体の理事会は決まってしまったので，上司に部長会議の日時の変更を指示してもらいたいと言う。

3　難易度 ★★★☆☆　　できて ひとまずホッ!!　　　チェック欄

　次は秘書が，上司の仕事の手助けや身の回りの世話などをする上で知っておく必要のあることである。中から<u>不適当</u>と思われるものを一つ選びなさい。

1）家族構成
2）学歴と職歴
3）趣味や嗜好品[*]
4）社内での評判
5）仕事以外の所属団体
　　*「嗜好品」とは，その人が好んで味わい楽しむ飲食物（コーヒー，酒など）のこと。

4　難易度 ★★★☆☆　　できて ひとまずホッ!!　　　チェック欄

　秘書Aはある日，今まで自分が指示されていた仕事を，上司がCに指示しているのを見かけた。Cがその仕事をするのは初めてのはずである。このような場合，Aはどのようにするのがよいか。次の中から適当と思われるものを一つ選びなさい。

1）上司は何か考えがあってCに指示したのだろうから，しばらく様子を見る。
2）Cがその仕事を終えるのを待って，Cに上司から指示された経緯を尋ねる。
3）上司に，「今まで自分がしていた仕事なので，Cと一緒にしようか」と申し出る。
4）上司に，「今まで自分がしていた仕事をCに指示したのはなぜか」と理由を尋ねる。
5）Cが何か聞いてくるかもしれないので，「自分の今までの仕方を教えようか」と声をかける。

秘書Aは課長と出張中の上司（部長）から，「明日戻る予定だったが，1日延びることになった」という連絡を受けた。次はこのときAが上司に言ったことである。中から不適当と思われるものを一つ選びなさい。

1）同行されている課長もご一緒でしょうか。
2）ご宿泊のホテルへのご連絡はお済みでしょうか。
3）何かご出張中に不都合があってのことでしょうか。
4）明日のR様とのお約束はいかがいたしましょうか。
5）帰りの切符の変更はお願いしてもよろしいでしょうか。

秘書Aは上司（部長）から，「Eが親の介護のため退職するといううわさを聞いたが本当か」と聞かれた。EはAの同僚で，一人っ子だからいずれは郷里に帰らないといけなくなるという話は聞いていた。このような場合，Aは上司にどのように対応するのがよいか。次の中から不適当と思われるものを一つ選びなさい。

1）必要なら私からEがどのように考えているか聞いてみようかと言う。
2）うわさはあるようだが，はっきり決まったら話があるのではないかと言う。
3）介護休業の制度もあるので，会社に相談してみるよう私から促してみようかと言う。
4）他人の家族のことだし，Eも迷っているかもしれないので私からは何も言えないと言う。
5）いずれは郷里へ帰らないといけないという話は聞いていたが，退職のことまでは分からないと言う。

1＝1）上司から返してきてもらいたいと言われたら、すぐに行くのが秘書の役割。また、借りていた資料を返すのだから、一言付け加えることも考えられる。従って、伝えることはあるかと言うのが適当ということである。

2＝3）業界団体の臨時理事会と部長会議が同じ日時に行われるのである。両方出席というわけにはいかないからどちらかになるであろう。その判断をするのは上司だから、上司にどう調整するか尋ねるのが適当ということである。

3＝4）上司の仕事の手助けや身の回りの世話などは、忙しい上司が効率よく仕事をこなすために必要なサポートである。社内での評判は、上司のサポートに直接関係しないので不適当ということである。

4＝1）今までAに指示していた仕事をCに指示したのは、上司に何か意図があってのことであろう。このような場合、Aが口を挟むことではないから、様子を見るのが適当ということになる。

5＝3）このような場合秘書が確認するのは、出張が延びることに伴う変更をどうするかである。不都合があってのことかなどと理由を尋ねるのは、秘書がすることではないので不適当である。

6＝4）確かに親の介護は家族の問題だが、退職となると会社に直接関係することになる。従って上司から尋ねられたら、Aの知る範囲で協力するのが秘書の役目。私からは何も言えないと言うなどは不適当ということである。

合否自己診断の目安

　正解率60％以上を合格の目安としてください。ここでは、6問出題したので、4問以上の正解でクリアです。

1 秘書の役割と機能	6問中 ⬚ 問正解	●正解率＝ ⬚ ％

さて、この「秘書の役割と機能」で4問以上正解できましたか？
難易度が高い問題もありましたね。次の「秘書の職務」も頑張りましょう。

SECTION 2 秘書の職務

Lesson 1 定型業務

■これだけは押さえておきたい■
Key フレーズ 「定型業務も，迷ったら上司に相談する」

定型業務は，前もってどのようにするかを上司と相談して決めておくので，その方針に沿って，秘書の判断で進めて構いません。しかし，判断がつかない場合は上司に相談します。

☆ 秘書の担当業務

秘書の業務は，定型業務と非定型業務の二つに分けることができます。日常的に行う定型業務には，次のようなものがあります。

◆日程管理
- ●面会予約の取り次ぎ。
- ●予定表の作成・記入。
- ●予定の変更に伴う調整や上司，関係先への連絡。
- ●上司の予定確認。

◆来客接遇
- ●来客の受付と案内。
- ●来客接待（茶菓のサービス）。
- ●上司不在中の応対。
- ●見送り。

◆電話応対
- ●上司にかかってくる電話の応対。
- ●上司がかける電話の取り次ぎ。
- ●上司不在中の電話応対と報告。
- ●問い合わせへの応対。

◆環境整備
- ●上司の執務室や応接室の清掃・整理整頓。
- ●照明，換気，温度調節，騒音防止への配慮。
- ●備品・事務用品の整備・補充。

◆出張事務
- ●宿泊先の手配。
- ●交通機関の手配。
- ●旅程表の作成。
- ●関係先との連絡・調整。
- ●旅費関係の経理事務。

◆文書事務
- ●文書の作成，文書の清書。
- ●社内・社外文書の受発信事務。
- ●文書や資料の整理と保管。

◆会議・会合
- ●案内状の作成・通知。
- ●資料の作成・配布。
- ●会場設営と受付。
- ●茶菓・食事の手配と接待。
- ●議事録の作成。

◆交際
- ●冠婚葬祭に関する庶務。
- ●中元・歳暮など，贈答品の手配。

◆経理事務
- ●経費の仮払いと精算。
- ●諸会費の支払い手続き。

◆情報管理
- ●社内外からの情報収集。
- ●情報の伝達。
- ●資料整理。

◆上司の身の回りの世話
- ●自動車の手配。
- ●お茶や食事の手配。
- ●上司の健康状態への配慮。
- ●嗜好品，常備品の購入。
- ●上司の私的出納事務。

■これだけは押さえておきたい■
Key フレーズ 「非定型業務は，上司に相談して指示を得る」

　毎日の決まった仕事を行う定型業務に対して，突然の来客や緊急の仕事，予期せぬ事態の発生に対応するのが非定型業務です。このようなときは，必ず上司の指示や判断を仰いで，冷静に対処しなければなりません。

☆ 非定型業務に対する秘書の対応

　ビジネスの場では，予定外の事態が発生するのは当然のことと考えなくてはいけません。特に，社会的地位が高い上司のところには，未知の人たちからのアプローチも少なくありません。予定外の来客や電話，また突発的事態の発生に対してどのように対応するか，事前に対処法を考えておくことも大切でしょう。非定型業務には次のようなものがあります。

◆予定外の来客
●上司に，面会するかどうかの判断を仰ぐ。
●客に緊急度を確認する。
●予定外でも感じのよい対応をする。

◆上司の急な出張
●スケジュール調整。
●連絡先の確認。
●緊急度・状況に応じた処理をする。

◆上司の急病
●自宅，会社への連絡。
●主治医への連絡。
●状況に応じて，応急手当てをする。
●スケジュール調整。

))))) **これは 間違い！** (((((

見知らぬ客が予約なしに急に訪れ，上司に会いたいと言ってきました。Sと名乗ったのですが，名刺を持っていなかったので，上司は在社していましたが，「外出中です」と言って断りました。

↑
間違いの理由

名刺を持たない来訪者は少なくありません。名刺がないからといって，勝手に断ってはいけません。❌

◆上司の
　交通事故

- ●自宅，会社の担当部署への連絡。
- ●軽い事故の場合は運転手に任せる。
- ●大きな事故なら会社の顧問弁護士に相談。

山田部長の車が事故にあったとの報告がありました。軽い事故で怪我はないそうです。

◆災害

- ●来客優先の避難誘導。
- ●人命救助の優先。
- ●重要品の持ち出し。

◆盗難

- ●上司，総務部への連絡。
- ●被害の確認。
- ●警察への通報。

不審な男性が，「社長に会わせろ」と大声で騒いでいますが。

◆不法
　侵入者

- ●強引なセールスへの対処。
- ●不意の陳情者への対処。
- ●脅迫・暴力行為への対処。
- ●状況に応じて警備室や警察への連絡。

すぐ○○課の△△君に連絡を取って!

◆その他
　予定外の
　仕事

- ●上司が指示する予定外の仕事。
- ●マスコミの取材依頼への対応。
- ●交通事情で上司の到着が遅れた場合の対処。

道路が渋滞で，山田部長は1時間ほど遅れるとのことですが……

3 効率的な仕事の進め方

Key フレーズ 「仕事は指示順ではなく，優先順位の高いものから」

複数の仕事をする場合は，優先順位を考えて取りかかることが大切です。先に指示された仕事が途中であっても，緊急度の高い仕事から優先的に進めるようにします。優先順位は上司に判断を仰ぎます。

☆ 仕事の優先順位を決める

一時期に多くの仕事を抱えたときでも，どの仕事から処理すればよいかを判断して着手すれば，混乱なくスムーズに処理できます。しかしこの優先順位を間違うと，仕事の進行に無駄が出たり，期限に間に合わなくなったりします。

仕事の優先順位は重要度，緊急度などを考えて判断しますが，判断に迷う場合は必ず上司に確認します。

● 過去の経験から，その仕事に要する時間を推測し，所要時間は多めに見積もっておく。

● 日ごろから，どの仕事にはどれくらいの時間を要するのか，おおよその目安を把握しておく。

● 同僚と手分けして作業した方が効率的な場合は，上司に相談して許可を受ける。

これは間違い！

進行している仕事を中断して，別の仕事に手を付けるのは効率が悪いので，新しい仕事を指示されたときは，進行中の仕事を完了してから取りかかるようにしています。

Let's Study! よく出る問題

■ 適当＝○か不適当＝×か考えてみよう。

□ ① 同僚のCの手伝いをしていたとき，上司からS社へ届け物をするよう頼まれたので，どちらを優先したらよいか尋ねた。

□ ② 複数の仕事を指示されたときは，間違いなく処理するために，先に指示されたものを優先して進めている。

解説：① Cの手伝いよりも，上司に指示を受けた仕事の方が重要であり，優先すべきことである。上司に尋ねるまでもなく，それは秘書が判断すべきこと。
解答＝×
② 複数の仕事を指示されたときは，上司に優先順位を尋ね，優先度の高いものから進める。
解答＝×

間違いの理由

仕事は優先順位の高い方から進めるのが原則。前に指示された仕事よりも，新しい仕事の方が優先度が高いかもしれません。どちらを優先するか自分の都合で判断するのではなく，上司に確認する必要があります。効率も大切ですが，優先順位を無視してはいけません。

☆ 仕事を標準化する

　仕事を標準化*しておくと，作業漏れをなくすだけでなく効率よく処理することができます。標準化の例としては次のものがあります。

◆繰り返し使う文書はフォーム化する

　コンピューターを使って文書作成する場合などは，基本となる型を作成しておき，必要なときに呼び出して，部分的に手を加えて完成させると効率化が図れます。

◆退社前の仕事の標準化を図る

　毎日退社前に行う点検内容を次のようなチェックリストにまとめておくと確認事項の漏れも防げます。

① 予定表に目を通し，翌日の仕事の手順を決める。
② 机上の整理と部屋の後片付けをする。
③ 上司の忘れ物をチェックする。
④ キャビネットやロッカー，金庫の鍵をかける。
⑤ ＯＡ機器などのスイッチを切る。
⑥ 帰りに投函する郵便物を用意する。
⑦ 火の点検をして戸締まりをする。

チェックリストを作ったので，点検漏れがなくなりました。

◆出張のときの仕事の標準化を図る

　上司が出張する際には宿泊や切符の手配，仮払いや精算などこまごまとした仕事が発生します。事前にやるべき仕事の手順を列挙しておき，チェックリストとして活用できるようにしておきます。

☆ 空いた時間を有効利用する

　手隙の時間ができたら，日ごろなかなか手がけられない仕事を処理するようにします。

● 名刺や人名カード類の整理。
● 電話番号簿・住所録・名簿などの整理。
● 資料の作成や整理。
● 新聞・雑誌の切り抜きとスクラップ。

空き時間にやっておくと，後で楽になりますね。

【標準化】　ここでは，仕事の手順や方法を一定の方式や形式に定めること。文書をフォーム化したり，仕事の手順をマニュアル化したりすることも仕事を標準化する一例である。

第2章 職務知識

1　難易度 ★☆☆☆☆　 できないと キビシ～!!　　　　チェック欄　□

　次は，仕事上でどちらを優先するかについて一般的なことを述べたものである。中から<u>不適当</u>と思われるものを一つ選びなさい。

1）定例会議より緊急会議を優先する。
2）外線電話より内線電話を優先する。
3）私的な予定より仕事の予定を優先する。
4）先輩の指示より上司の指示を優先する。
5）上司への対応より来客への対応を優先する。

2　難易度 ★★☆☆☆　😑 できないと アヤウイ!　　　　チェック欄　□

　秘書Aの上司が外出中，上司の知人と名乗る来客があった。上司は外出中と言うと，用件は言わずに「上司の携帯電話の番号を教えてもらいたい」と言う。このような場合，Aはどのように対応したらよいか。次の中から適当と思われるものを一つ選びなさい。

1）上司との関係を尋ね，それによって教えてよさそうであれば教える。
2）教えてよいかどうか判断できないので，「自分にはどうしたらよいか分からない」と言う。
3）「こちらから連絡させてもらいたい」と言って，連絡先といつ連絡したらよいかを尋ねる。
4）上司の知人ということなので携帯電話の番号を教え，上司が戻ったらそのことを報告する。
5）「すまないが教えることはできない。上司のいるときに改めて来てもらいたい」と言って帰ってもらう。

3 難易度 ★★☆☆☆ ☺ できないと アヤウイ!　　チェック欄 □

秘書Aは，上司から急いで指示を受けなくてはならないことができたが，上司は応接室で来客と面談中である。そこでAは，応接室でメモを見せて指示を受けることにした。次はそのときAが順に行ったことである。中から不適当と思われるものを一つ選びなさい。

1）応接室に入るとき，小声で「失礼いたします」と言った。
2）上司は話の最中だったので，メモを渡すとき軽くお辞儀をして黙って渡した。
3）メモを渡した後，「すぐにご指示をお願いします」と言って待った。
4）上司から質問されたので，小声で答えた。
5）上司からの指示は短い簡単な内容だったので，復唱はしなかった。

4 難易度 ★★★★☆ ☺ できたら拍手! 視界良好　　チェック欄 □

秘書Aの上司（営業部長）が来客と面談中に課長から，「急ぎで部長に確認してもらいたいことがある」と内線電話があった。このような場合，上司は来客中と言った後，どのように対応したらよいか。次の中から適当と思われるものを一つ選びなさい。

1）電話を保留にして上司のところに行き，用件を伝えて電話に出てもらう。
2）「面談中の上司にメモを入れるので，確認することを教えてもらいたい」と言う。
3）「自分に分かるかもしれないので，どのようなことか話してもらえないか」と言う。
4）「面談が終わったら上司に伝えるので，それまで待ってもらうことはできないか」と尋ねる。
5）「すぐでないと駄目か」と尋ね，すぐにということであればそのことをメモで上司に知らせる。

1＝2）内線電話は社内の連絡に使われる電話のこと。外線電話は取引先など外部からかかってくる電話。仕事は内部より外部を優先するものだから，外線電話より内線電話を優先するなどは不適当ということである。

2＝3）たとえ知人でも，携帯電話の番号は上司の許可なくしては教えられない。この場合，来客は上司と連絡が取れればよいのだから，秘書が仲介して上司から連絡を入れる対応が適切になるということである。

3＝3）上司はAのメモを見れば，急いで指示を仰ぎたいことがあって来たのだと分かるはずである。従って，面談中の上司に，指示を促すような言い方をするのは不適当ということである。

4＝5）上司は来客と面談中である。急ぎにも程度があるから，まずそれを課長に確認するのが先決。すぐにというなら取り次ぐことになるが，面談中の上司にはメモで知らせるのが適当な対応ということである。

合否自己診断の目安

　正解率60％以上を合格の目安としてください。ここでは，4問出題したので，3問以上の正解でクリアです。

　ただし，「第2章　職務知識」全体では，合計10問なので，6問正解でクリアとなります。

| 2　秘書の職務 | 4問中 |　| 問正解 | ●正解率＝ |　| ％ |

- -

第1章　必要とされる資質（計）	10問中		問正解	●正解率＝		％
第2章　職務知識　　　（計）	10問中		問正解	●正解率＝		％
第1章　第2章（計）	20問中		問正解	●正解率＝		％

さて，第2章の問題10問のうち，6問以上正解しましたか？　また，第1章と第2章の合計20問で60％の12問の壁を突破できましたか？　厳しい人は，理論領域の最後の第3章「一般知識」で頑張りましょう!!

第3章

一般知識

Lesson 1 企業の目的

これだけは押さえておきたい
Key フレーズ 「企業の目的は利益を追求することである」

　企業の目的は利益を追求して出資者に配当をするとともに企業価値を高め，出資者の期待に応えることです。一方，企業は社会的存在としての責任も担っており，それに応えることも企業の使命です。

☆ 企業活動と役割

　人々が必要とする物(財ともいう)やサービスを生み出していくことを生産活動といいます。社会は多種多様な生産活動によって成り立っていますが，その重要な役割を担っているのが企業です。企業活動を理解するために，以下のポイントを押さえておきましょう。

◆企業の役割とは何か

　企業の役割は「物やサービス」を社会に適正価格で供給することです。また，そこで働く従業員やその家族の生活を保障するという役割も担っています。

◆経営とは何か

　出資された資本を元に，「物・金・人・情報」の経営資源や時間を合理的に活用して企業の役割を実現し，利益を得ることです。そのためには，社会が求めていること(ニーズ)を的確に把握し，素早く提供していかなければなりません。経営の成否は社会情勢によっても左右されるため，経営努力しても利益を確保できない場合もありますが，経営者は結果責任を株主に問われることになります。

企業を取り巻く社会環境

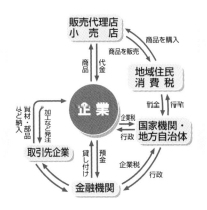

◆利益とは何か

　企業の役割を果たし，経営が成功することによって企業は利益を得ます。利益は，まず税金として国や地方自治体に納められます。次に出資者に出資額に応じた配当金が分配されます。残った分は，社内留保金として企業内に積み立てられ，次期の活動資金や投資に回されることになります。

利益の配分

利　益

税　金

配当金

社内留保

株主は利益の一部を配当金として受け取ります。

☆ 企業の社会的責任

　企業は株主に対して責任を持つだけでなく，社会的な存在としての責任があります。これを，企業の「社会的責任」といいます。

　企業がしてはならない行為としては，買い占め，売り惜しみ，誇大広告などがあります。

　また，企業は供給する商品に対して責任を負わなければなりません。現在では，PL法*などの法律により，企業の製品に対する責任がかなり明確にされてきました。

　企業の活動に不正があると，社会に重大な影響を及ぼすということを忘れてはいけません。

Let's Study!
よく出る問題

■適当＝○か不適当＝×か考えてみよう。
□ 「誇大広告」とは必要以上に広告をすることである。
解説：誇大広告とは，商品の効果や性能などを実際よりも大げさに表現した広告のことである。
解答＝×

これは 間違い！

株主になれば，必ず配当金を受け取ることができるので，株を買おうかと思っています。

間違いの理由

業績が悪くて，株主に配当金を支払うことができない企業は少なくありません。配当がないことを無配といいますが，無配の企業の株を持っていても配当金はありません。

【PL法】　製造物責任法。ある商品の欠陥によって，消費者に何らかの被害が生じた場合，被害者は製造者に損害賠償を求めることができる法律。

■これだけは押さえておきたい
Key フレーズ 「中堅企業・大企業は株式会社である」

会社の種類は4種類ありますが，大企業や中堅企業は，資金の調達がしやすいのでほとんどが株式会社です。他に「合資会社」「合名会社」「合同会社」があります。

☆ 企業の形態

経済活動を営む企業は公企業と私企業に分けられます。国や地方自治体が運営するのが公企業で，民間が運営するのが私企業です。しかし，経済活動の主流となっているのは私企業です。また，第三セクターとは政府や自治体と民間が共同出資した企業のことをいいます。

企業の種類 ＊上場会社とは，株式市場に株を上場して，公開している企業のこと。

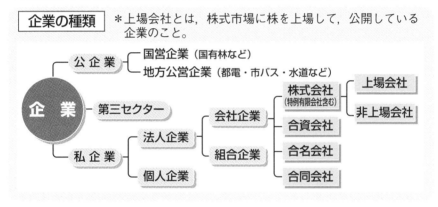

☆ 会社の種類 ＊理解したらチェックしよう

会社法が成立したことにより会社の種類や設立・運営などが大幅に変更されることになりました。会社法の施行による大きな変更点は，「有限会社制度が廃止されたこと」と「合同会社が新設されたこと」です。

従って，新しく有限会社を設立することはできなくなりました。またこれまでの有限会社は，会社法上は株式会社として存続することとなり，この会社を「特例有限会社」といいます。

会社の種類と特徴は次の通りです。

会社の種類	責任の範囲	会社の特徴
□ 株式会社	有限責任[*]	出資者 (株主) で組織される。新 「会社法」 の施行により既存の有限会社は，特例有限会社として存続するが（会社法上は株式会社），「有限会社」 という商号を用いる。
□ 合資会社	有限責任と無限責任	無限責任社員が執行委員となる。
□ 合名会社	無限責任	親子・兄弟・親戚など近親者が出資者(社員)となる。小規模企業に適する。
□ 合同会社	有限責任	利益や権限の配分が出資金額の比率に拘束されない。

＊有限責任とは，出資した分以外には一切責任がないこと。

☆ 企業に関する基礎用語 ＊理解したらチェックしよう

□ 出資者………企業に資本を提供する人で，株式会社では株主のこと。

□ 株主…………株式会社の株式を所有している人。株主は所有する株式の数に応じて，議決権や利益の配当を受ける権利を持つ。

□ 上場企業……株式市場で株式を公開している企業。

□ 株主総会……株主で構成される，株式会社の最高の意思決定機関。経営者は経営状態や今後の計画などを株主に報告し，議案の成否を求める。定時株主総会と臨時株主総会がある。

□ 取締役………会社の業務執行に関する意思決定や監督をする人。

□ 取締役会……取締役で構成される，法で定められた会議で，業務執行を決定する機関。会議は過半数の取締役の出席で成立し，議決には出席者の過半数の賛成が必要。

□ 代表取締役…会社の代表権を持つ取締役。取締役の中から取締役会で選任される。「社長」は通称。大企業などでは，複数の代表取締役がいる場合もある。

□ 監査役………代表取締役や取締役の職務執行を監査する人。監査には会計監査と業務監査があり，適正に執行されているか，違法な点はないかを監査する。

□ 会計参与……取締役と一緒に会社の決算を作成する機関。

3 企業の組織と機能

Key フレーズ 「秘書の上司は経営者層や中間管理職である」

企業組織は，企業活動を効率的に運営できるように，責任の分担を行っています。職能組織の階層は，企業運営上の最終意思決定を行う経営者層，それを支える中間管理者層，現場管理者層，一般社員に分かれますが，秘書は経営者層や中間管理者層を補佐する立場にあります。

☆ 職能組織とは

　企業では成長・拡大するに従って合理的な組織化が行われていきます。企業における組織化の代表的なものが，命令系統や責任の範囲を明確にした「職能組織(下図参照)」です。

　また，企業組織におけるトップマネジメントとは社長や取締役などの経営者層，ミドルマネジメントとは部長，支社長，課長などの中間管理者層，ロアマネジメントとは係長，主任などの現場管理者層のことで，これらの管理者層の下に一般社員が配置されることになります。

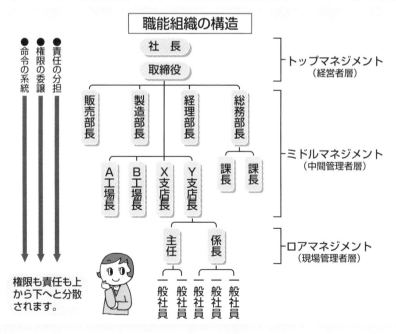

職能組織の構造

- 命令の系統
- 権限の委譲
- 責任の分担

トップマネジメント（経営者層）
- 社長
- 取締役

ミドルマネジメント（中間管理者層）
- 販売部長
- 製造部長
- 経理部長
- 総務部長
- A工場長
- B工場長
- X支店長
- Y支店長
- 課長
- 課長

ロアマネジメント（現場管理者層）
- 主任
- 係長

一般社員

権限も責任も上から下へと分散されます。

☆ ライン部門とスタッフ部門

　ライン部門とは，物の製造や営業，あるいはサービスの提供に直接関わって収益を生み出す企業の主要部門のことをいいます。いわば，その部門がなければ組織が成り立たないという企業の本質的な部門のことです。ライン部門に携わる人をラインといいます。

　例えば，メーカーの場合は製造・営業部門がライン部門，小売り業では仕入れ・販売部門がライン部門，銀行では預金・貸付けがライン部門になります。

　スタッフ部門とは，ライン部門が効率よく機能するように補佐する部門のことです。スタッフ部門には，総務，経理，人事などの部門があります。スタッフ部門に携わる人をスタッフといいます。

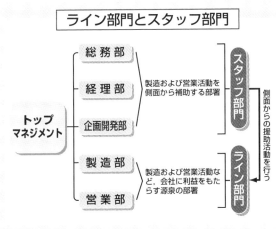

ライン部門とスタッフ部門

これは　間違い！

営業部はライン部門なので営業部長に付く秘書はラインになると思います。

間違いの理由

秘書は，上司の補佐をするのでスタッフになります。上司の所属部門は関係ありません。また，秘書室はスタッフ部門です。

Let's Study!
よく出る問題

■適当＝○か不適当＝×か考えてみよう。
- □① 社長はトップマネジメントである。
- □② 専務はミドルマネジメントである。
- □③ 常務はロアマネジメントである。
- □④ 取締役部長はトップマネジメントである。
- □⑤ 課長はロアマネジメントである。
- □⑥ 係長はロアマネジメントである。

解説：トップマネジメントは取締役以上で，社長，副社長，専務，常務である。部長でも取締役であればトップマネジメントに入る。ミドルマネジメントは部長，課長などのクラス。ロアマネジメントは，係長，主任クラスの管理職。従って解答は以下のようになる。

解答①＝○，②＝×，③＝×，④＝○，⑤＝×，⑥＝○

■これだけは押さえておきたい
Key フレーズ 「PDCAサイクルと3Sは経営管理の代表的手法」

PDCAサイクルとは,Plan(計画)→Do(実施)→Check(評価)→Action(改善)のサイクルを回していく手法です。3Sとは, 専門化(Specialization), 標準化(Standardization), 単純化(Simplification)を行う手法です。どちらも仕事の効率を向上させるための管理手法です。

☆ 経営管理とは

　経営管理とは企業の目標を達成するために経営層が行うあらゆる活動のことです。その中でも生産性の向上を図ることは経営管理の最重要課題ですが, その管理技術の代表的手法がPDCAサイクルと3Sです。

◆PDCAサイクル

　PDCAとは, P＝Plan(計画), D＝Do(実施), C＝Check(評価), A＝Action(改善)の四つの要素のことで, 業務をスムーズに行う基本となります。

　PDCAサイクルは, 右の図のように一周すると次の段階に進みます。計画を練り, 準備・実施をし, その結果を検討して, また新たな次の計画に生かしていきます。

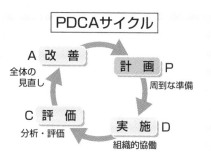

PDCAサイクル

A 改善　全体の見直し
計 画 P　周到な準備
C 評 価　分析・評価
実 施 D　組織的協働

◆3S

　3Sとは, 以下の英語の頭文字を取ったものです。

●Specialization＝専門化

　　専門的な職務を, 独自の技術やノウハウを持った人が集中して遂行することで仕事の効率化や精度の高さを実現すること。

●Standardization＝標準化

　　フォーム(型)を画一化し, それに従って仕事を遂行すること。仕事のロスやミスの減少, 作業時間の短縮化を図ることができる。

●Simplification＝単純化

　　単純な反復職務を機械化するなどして, 人員の効率化を図ること。

☆ 経営管理に関する用語 ＊理解したらチェックしよう

- [ ] 生産管理………短時間に，低コストで，質のよい製品を生産するために，生産工程を管理すること。生産に関する予測・計画・統制のためのシステム。

- [ ] 品質管理………製品の品質を一定の水準に保つだけでなく，より低い
（QC）　　　コストで，より高品質の製品を適切な数量生産することを目的とした経営管理の手法。

- [ ] QCサークル…職場単位で自主的に品質管理・品質改善を行う活動グループのこと。

- [ ] 付加価値………売上高から原材料など外部購入費を差し引いたもので，値が大きいほど業績がよいことになる。付加価値は，人件費として従業員に，配当金として株主に，税金として社会に分配されることになる。

- [ ] 労働生産性……従業員一人当たりの付加価値額のことで，（売上高－外部購入費）÷従業員数で表される。一人当たりの付加価値額が大きいほど労働生産性は高くなる。

- [ ] リストラ………リストラクチャリングの略。不採算部門を縮小したり廃止して，時代が要求する新規事業に乗り出すなど事業の再構築を図ること。

第3章　一般知識

これは 間違い！

テレビのニュースなどで，「リストラで2000人の人員整理」などと話していました。要するにリストラとは人減らしのことですね。

間違いの理由

リストラとはリストラクチャリングの略で，企業の再構築のことです。赤字の事業を見直し，規模を縮小したり廃止したりします。その結果として不要となった人員を整理するのです。リストラ＝人減らし，ではありません。

Let's Study!
よく出る問題

■適当＝○か不適当＝×か考えてみよう。
- [ ] 経営管理でいう3Sとは，専門化，標準化，高速化の英語の頭文字，三つのSを組み合わせたものである。

解説：高速化ではなく単純化（Simplification）である。

解答＝×

---

1 難易度 ★☆☆☆☆ 😣 できないと キビシ〜!!　　　　　チェック欄 [　]

次の用語の中から，<u>人事課の仕事とは直接関係ないもの</u>を一つ選びなさい。

1）採用試験
2）社員研修
3）配置転換
4）出張精算
5）人事考課

---

2 難易度 ★☆☆☆☆ できないと キビシ〜!!　　　　　チェック欄 [　]

次の「　　　」内は下のどの用語の説明か。中から適当と思われるものを一つ
選びなさい。

「会社の会計や業務が正しく行われているか検査をする人」

1）顧問
2）相談役
3）取締役
4）監査役
5）経理部長

3　難易度 ★☆☆☆☆　　できないと キビシ〜!!　　　チェック欄

　次は会社で行われる行事と，それを担当する部署の組み合わせである。中から
<u>不適当</u>と思われるものを一つ選びなさい。

1）株主総会　　　　　──　企画部
2）管理職研修会　　　──　人事部
3）新製品発表会　　　──　宣伝部
4）功労者表彰式　　　──　総務部
5）営業所長懇親会　　──　営業部

4　難易度 ★★☆☆☆　😐　できないと アヤウイ!　　　チェック欄

　次のような団体を何というか。中から適当と思われるものを一つ選びなさい。

　「出資者から出資してもらって運営し，出資者は出資した金額分だけ責任を負
えばよい団体」

1）子会社
2）同族会社
3）株式会社
4）学校法人
5）社会福祉法人

第3章　一般知識

次は会社における一般的な役職を，高い方を左にして順に並べたものである。中から適当と思われるものを一つ選びなさい。

1）常務　　専務　　部長　　課長
2）常務　　部長　　課長　　専務
3）専務　　常務　　部長　　課長
4）部長　　課長　　専務　　常務
5）課長　　部長　　常務　　専務

　次の「　　」内は下のどの役職の説明か。中から適当と思われるものを一つ選びなさい。

　「業務の現場を直接指揮し，監督する役職」

1）専務
2）係長
3）常務
4）部長
5）本部長

1＝4）人事課は，従業員の採用や退職，処遇などに関することを行う部署。「出張精算」は，出張で使った費用を最終的に計算することで，人事課の仕事とは直接関係ない。

2＝4）

3＝1）株主総会は，株主で構成された株式会社の最高意思決定機関である。このような会社全体に関わる業務は一般的に総務部が担当するので，企画部との組み合わせは不適当ということである。

4＝3）

5＝3）

6＝2）

合否自己診断の目安

　正解率60％以上を合格の目安としてください。ここでは，6問出題したので，4問以上の正解でクリアです。

| 1　企業の基礎知識 | 6問中 ☐ 問正解 ●正解率＝ ☐ ％ |

さて，理論領域最後の第3章です。最初の「企業の基礎知識」の成績はどうでしたか？第3章の「一般知識」は，知っていれば簡単な問題ですが，「知らなければどうにもならない」ことが分かったでしょう。できなかった人は，幅広い知識を身に付けるようにしましょう。

企業の組織と活動

SECTION 2

Lesson 1 人事・労務

☆ 人事・労務管理の役割

　人事・労務管理とは，企業の人的資源を最適最大限に活用する政策のことです。基本的に使用者と労働者は対等な立場で協力して企業の目的を追求していきますが，労働者の能力評価や教育・管理などの人事・労務管理は使用者側の仕事となります。また，組合との交渉も人事・労務の重要な仕事で，給料のベースアップ，就業規則の改正などを折衝するときは，人事・労務担当者が使用者側を代表して交渉します。

☆ 労働三法

　労使交渉で基本となるのは，労働者の権利を保障した労働三法と呼ばれる法律です。

◆労働組合法

　労働三権である団結権・団体交渉権・団体行動権（争議権）を定めています。

◆労働基準法

　労働者が人として生活するために必要な労働条件の最低基準を定めた法律で，労働時間・休日・休暇・残業手当などが定められています。また，労働災害補償や就業規則なども労働基準法で規定しています。

◆労働関係調整法

　当事者間の自主交渉で労働争議を解決できない場合，労働委員会が斡旋・調停・仲裁を行うことを規定した法律で，解決を図ることを目的としています。

☆ 人事・労務に関する用語 *理解したらチェックしよう

□ 人事考課………一定期間における従業員の業務遂行の程度や能力，功績などを分析・評価し，一定の基準で査定すること。人事管理に反映させる。

□ 人事異動………現在の部署から他部署へと配属先が変わること。定期異動と臨時異動がある。

□ 昇進・昇格……職位が上がるのが昇進。資格級や等級が上がるのが昇格。

□ 出向…………雇用されている会社に籍を置いたまま，子会社などの関連会社に長期間勤務すること。出向社員の業務に対する指揮命令権は出向先に移る。

□ モラール・サーベイ…モラールとは士気や勤労意欲のことで，サーベイは調査のこと。従業員のモラールを面談やアンケートなどで調査・測定すること。

□ 終身雇用制度…企業が従業員として採用したら定年まで雇用するという制度。

□ フレックス……所定の時間数を勤務すれば，出社・退社時間は自由という勤務制度。自由勤務時間制。
　タイム制度

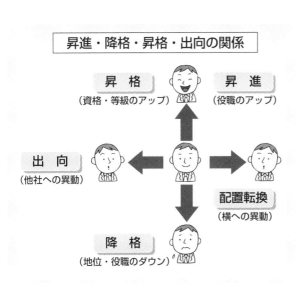

昇進・降格・昇格・出向の関係

昇　格（資格・等級のアップ）

昇　進（役職のアップ）

出　向（他社への異動）

配置転換（横への異動）

降　格（地位・役職のダウン）

Let's Study!　よく出る問題

■適当＝○か不適当＝×か考えてみよう。

□　左遷とは，出向のことである。

解説：左遷や栄転は人事制度での公式な用語ではないが，一般にはよく使われる。左遷は現職よりも低い地位や職場に異動すること。栄転はその逆。また，出向は現在の会社に籍を置いたまま，子会社などに異動すること。

解答＝×

■これだけは押さえておきたい■
Key フレーズ 「企業財務を表す貸借対照表と損益計算書」

企業は毎年，企業の財務を出資者に公表するために財務諸表を作成します。
その代表的なものが貸借対照表（B/S）と損益計算書（P/L）です。

☆ 会計・財務とは

　企業の会計は，大きく管理会計と財務会計に区分されます。管理会計は，経営管理に活用するための会計で，内部的なものです。一方，財務会計は外部の利害関係者に報告するための会計で，企業の資本の変動を記録・計算して，一定の期間の経営状態と一定時点の財政状態を明らかにしたものです。財務会計は，最終的に財務諸表としてまとめられ，決算期などに株主に対して報告されます。財務諸表の代表的なものが「貸借対照表」，「損益計算書」，「キャッシュフロー計算書」および「株主資本等変動計算書」です。

◆貸借対照表

　貸借対照表とは，決算日など，企業の一定時点における財務状態を表したもので，資産・負債・純資産を一覧表示します。別名バランスシート（Balance Sheet略してB/S）とも言われています。

　この一覧表は右と左に分けて作成してあり，右側には「負債」と「純資産」が，左側には「資産」が表示されています。右と左の合計金額は必ず一致します。つまり，資産(左)＝負債＋純資産(右)という計算式になります。

◆損益計算書

　損益計算書とは，決算期間など，企業のある一定期間の収益から費用を差し引いて，経営成績を示したものです。P/Lと略されます。

　損益計算書によって，その期間に企業がどれくらい利益を得たのか，あるいは損失を出したのかが一目で分かります。

◆キャッシュフロー計算書

　キャッシュフロー計算書とは、一定の会計期間における企業の資金の流れ（増減）を明らかにした計算書です。

◆株主資本等変動計算書

会社の純資産の変動を表す計算書のこと。貸借対照表や損益計算書だけでは，資本金などの数値を連続して把握することが困難なことがあります。そこで会社法では，この計算書の作成を義務付けるようになりました。

☆ 会計・財務に関する用語 *理解したらチェックしよう

第3章　一般知識

- □ 売掛金…………商品やサービスを提供したが，まだその対価を受け取っていない金額。
- □ 買掛金…………商品やサービスの提供を受けたが，まだその対価を支払っていない金額。
- □ 債券……………国債，地方債，社債等の総称。
- □ 出資者…………企業活動に必要な資本を提供する人。
- □ 棚卸資産………販売を目的とする商品や製品，販売を目的として消費される原材料などをいう。
- □ 固定費…………売上の増減に関係なく，固定的に発生する費用。
- □ 変動費…………売上に比例して増減する費用。商品の仕入れ値や生産の原材料の費用など。
- □ 固定資産………複数年度使用する土地・建物・機械・車両などの資産。
- □ 流動資産………現金，受取手形，商品など1年以内に現金化できる資産のこと。
- □ 固定負債………長期借入金，長期未払金，社債など，支払い期限が1年を超える負債。
- □ 流動負債………買掛金，短期借入金など，1年以内に決済しなければならない負債。

Lesson

3 マーケティング

■これだけは押さえておきたい■ Keyフレーズ 「市場活動のことをマーケティングという」

消費者が求めているもの（消費者ニーズという）を知るための市場調査から商品開発，商品製造，広告宣伝，販売に至る全ての市場活動をマーケティングといいます。

☆マーケティングとは

マーケティングとは，商品・サービスが売り手から消費者に渡るまでの一連のビジネス活動のことです。企業が商品やサービスを提供する場合，重視するのは消費者のニーズです。企業は市場調査などで消費者ニーズをつかみ，消費者に受け入れられる商品を開発製造したり，改良を加えて提供します。また，開発・製造の段階ではどれだけの商品が売れるかを予測することも必要です。売れ残れば不良在庫となり，企業の損失になります。

このように，企業は消費者が望む商品やサービスを適切に供給して利益を得るために，さまざまな市場活動を行います。

マーケティングの流れは以下の図のようになっています。

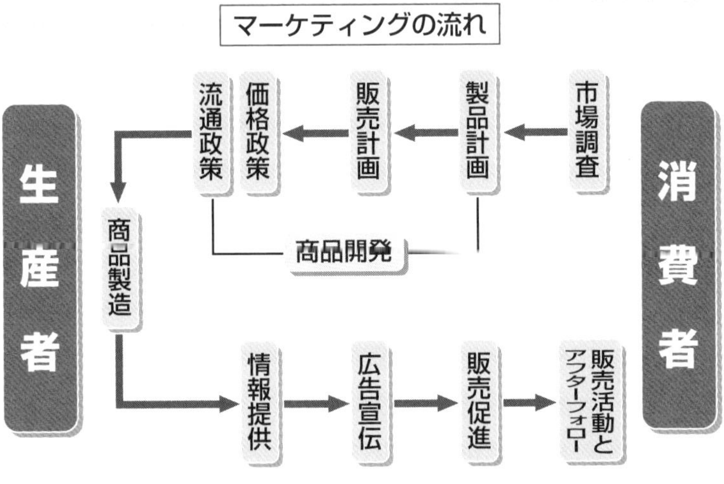

マーケティングの流れ
消費者
市場調査
製品計画
販売計画
価格政策
流通政策
商品開発
生産者
商品製造
情報提供
広告宣伝
販売促進
販売活動とアフターフォロー

☆ AIDMA（アイドマ）の法則

　消費者が購入を決めるまでの心理を示した法則の一つで，広告宣伝や販売活動などでよく利用されます。

A（Attention）→ 注意を引く
I （Interest）　→ 興味を持たせる
D（Desire）　　→ 欲望を刺激する
M（Memory）　→ 記憶させる
A（Action）　　→ 購買行動を起こさせる

おもしろい広告だわ

☆ マーケティングに関する用語 ＊理解したらチェックしよう

☐ 広告……………広告主の意見や企業の商品情報などのメッセージを多数の人に伝える活動。消費者に商品の購入を促進する商品広告と，企業のイメージアップを目的とした企業広告とがある。

☐ メディア………情報を伝達する媒体のこと。チラシ・新聞・雑誌・ラジオ・テレビ・インターネットなどがその代表。

☐ 販売促進………商品の特性や価格などの情報を消費者に伝えて説得したり，景品を付けたりして購買意欲を呼び起こす活動。セールスプロモーション（ＳＰ）ともいい，消費者向け，販売業者向け，社内向けに実施される。

☐ パブリシティー…新聞・ラジオ・テレビなどに新製品などの情報を提供して紹介してもらう活動のこと。マスコミが取り上げてくれるので大きなメリットがある。

☐ 市場調査………マーケティングリサーチともいう。新製品開発や販売方策立案のために，アンケートや面接を実施して消費者ニーズを調べるなど市場の調査をすること。

☐ DM……………ダイレクトメールの略で，宛名広告のこと。対象となる相手にはがきや封書で直接情報を届ける広告。

☐ シェア…………占有率。マーケットシェアとは，自社製品など，ある製品が同じ製品類の市場に占める割合のこと。

第3章　一般知識

1 難易度 ★☆☆☆☆ できないと キビシ〜!!　　　チェック欄

　次は会社で使われる用語とその意味の組み合わせである。中から<u>不適当</u>と思われるものを一つ選びなさい。

1) 降格　＝　等級や地位などが下がること。
2) 昇進　＝　地位や身分などが上がること。
3) 考課　＝　業者に発注した製品を検査すること。
4) 厚生　＝　従業員の生活を健康で豊かなものにすること。
5) 栄転　＝　今までよりも高い役職になって転任すること。

2 難易度 ★☆☆☆☆ できないと キビシ〜!!　　　チェック欄

　次の用語の中から，「マーケティング」とは<u>直接関係ないもの</u>を一つ選びなさい。

1) 宣伝計画
2) 製品計画
3) 販売活動
4) 人員計画
5) 市場調査

3　難易度 ★★☆☆☆　できないと アヤウイ!　チェック欄

次は用語とその説明の組み合わせである。中から不適当と思われるものを一つ選びなさい。

1）外注　＝　国内の工場をコストの安い海外に移すこと。
2）増資　＝　企業が新たに株を発行して資本金を増やすこと。
3）年利　＝　利子の支払期間を１年単位としたときの利率のこと。
4）原価　＝　製品を作るのにかかった費用，または仕入れ値のこと。
5）抵当　＝　借金を返せないときのために差し出す品物や権利のこと。

4　難易度 ★★☆☆☆　できないと アヤウイ!　チェック欄

次は用語とその説明の組み合わせである。中から不適当と思われるものを一つ選びなさい。

1）出向社員　＝　会社の命令で籍を変えずに他の会社で働く人のこと。
2）年功序列　＝　年齢や勤続年数などにより社内での地位が決まること。
3）福利厚生　＝　会社が従業員の生活の充実や健康増進のための支援をすること。
4）人事異動　＝　会社などの組織の中で，地位，職務，勤務地などが変わること。
5）人事考課　＝　能力を向上させる目的で，その人のために考えられた課題のこと。

次は直接関係ある用語の組み合わせである。中から**不適当**と思われるものを一つ選びなさい。

1) 統計 —— 数値
2) 給料 —— 金利
3) 決算 —— 監査
4) 生産 —— 原価
5) 法人 —— 企業

次の「　」内の説明は下のどの用語の説明か。中から適当と思われるものを一つ選びなさい。

「代金の支払いや貸したお金の返済などを求める権利」

1) 債権
2) 抵当権
3) 賃貸権
4) 請求権
5) 所有権

1＝3)「考課」とは，従業員などの勤務成績を査定することである。

2＝4)「マーケティング」とは，製品やサービスが生産者から消費者に渡るまでの一切の企業活動のこと。「人員計画」とは，人材の採用や配置などに関する計画のことだから直接関係はない。

3＝1)「外注」とは，会社の仕事の一部を外部の業者などに委託（発注）することである。

4＝5)「人事考課」とは，企業などが従業員の処遇に反映させるために，業績や能力を評価することである。

5＝2)「給料」とは，働いた人がその報酬として受け取るお金のこと。「金利」とは，貸したり借りたりしたお金の利子のことなので，直接関係はないということである。

6＝1)

合否自己診断の目安

　正解率60％以上を合格の目安としてください。ここでは，6問出題したので，4問以上の正解でクリアです。

2　企業の組織と活動	6問中 ☐ 問正解 ●正解率＝ ☐ ％

「企業の組織と活動」の成績はどうでしたか？
難易度の低い問題が多いので，スイスイいけたのではないでしょうか。
次は，いよいよ理論領域の最後のセクションになります。最後まで気を抜かないで頑張りましょう!!

■これだけは押さえておきたい■
Key フレーズ 「新聞や職場で使われている用語を覚える」

　社会常識として知っておくべき用語の基準は，新聞（一般紙）に出てくる用語や職場で日常使われている用語が理解できる程度と考えてよいでしょう。日ごろから疑問に思った用語を調べる習慣を付けておくことが大切です。

☆ 社会常識としての基礎用語 ＊理解したらチェックしよう

□ 国内総生産 ……ＧＤＰとも表記する。ある一定期間に国内で生産された財・サービスの合計。

□ 経済成長率 ……ＧＤＰ（国内総生産）の対前年増加率をいう。

□ 景気 ……………経済活動の勢いや状況のこと。経済活動が活発な状況を好景気，経済活動に活気がない状況を不景気という。

□ 円高 ……………他国の通貨に対して日本の円の価値が高いこと。

□ 需要／供給 ……需要とは，財やサービスを購入したいという欲求。供給とは，財やサービスを提供しようとする経済活動。

□ インフレ ………インフレーションの略。物価が継続的に上昇して貨幣価値が下がること。好景気のときは消費者の収入が増え，物を買いたい人が多くなる。そうすると物が不足して，物価は上昇し続ける。こういう現象をインフレという。

□ デフレ …………デフレーションの略。インフレの逆で物の値段が下がり続けること。景気が悪いときに起こる。景気が悪いと収入が少なくなり，需要が減少するので物が余り，物価が下がり続ける。

□ 経済界三団体 …日本経済団体連合会，経済同友会，日本商工会議所。

□ 国債／社債 ……国が資金調達をする際，借り入れの証書として発行する債券。同様に会社が発行するのを社債という。

□ 融資 ……………銀行などの金融機関が，利子を得る目的で企業や個人に金銭を貸し出すこと。

□ 増資 ……………会社が新しく株券を発行して資本を増加すること。

□ 債権／債務 ……ある人（債権者）が，別のある人（債務者）に対して金銭の支払いなど，特定の要求をする権利のこと。その逆が債務。

□ 増収／増益 ……前の決算期に比較して売り上げが増加することを増収，利益が増加することを増益という。その逆が減収・減益。

□ 配当 ……………一般的には，株式会社が株主に行う利益の一部の分配のこと。

□ 上期／下期 ……一期の前半を上期，後半を下期という。

□ 四半期 …………一年を四等分した期間。3カ月のこと。

□ 隔月 ……………一月おきのこと。一週おきは隔週。一日おきは隔日。

□ 上旬／中旬／下旬…一月の1日から10日までを上旬（初旬ともいう），11日から20日までを中旬，21日から月末までを下旬という。

□ 一両日 …………一日か二日。

□ 仕事始め ………新年になって初めて仕事をすること。またはその日。

□ 松の内 …………元日から1月15日まで。最近は7日までを指すことが多い。

□ 彼岸 ……………春分・秋分を中日とし，前後各3日間の計7日間のこと。最初の日を「彼岸の入り」，最後の日を「彼岸明け」という。

□ 土用 ……………立春・立夏・立秋・立冬の前の18日間のこと。

□ 仕事納め ………年末にその年の仕事を終わること。またはその日。

□ 年功序列 ………勤務年数や年齢が増すにつれて，地位や給与などが上昇していく日本的人事制度。

□ 定期昇給 ………毎年一定の時期に，基本給を上げること。略語は「定昇」。

□ ベースアップ …物価上昇などで賃金の基準を引き上げること。略語は「ベア」。

□ 嘱託 ……………正社員としてではなく仕事を頼むこと，または頼まれた人。

□ 外注 ……………外部の企業や個人に発注して仕事をしてもらうこと。

□ 補助金 …………事業の助成や経費の不足を補うための金銭。

□ 手付金 …………契約を実行する保証として前もって渡す金銭。

□ 割増金 …………一定の金額にある割合で増加させた金銭。

□ 分担金 …………共同で何かをするとき，参加する人が分けて受け持つ金銭。

□ 仮払い …………接待や出張などで必要な経費の概算を事前に支出すること。

□ 直行／直帰 ……直行とは，職場に出勤しないで，直接，用のある場所に行くこと。出先から帰社しないで，直接帰宅することが直帰。

□ 残業 ……………規定の勤務時間を過ぎてからも勤務すること。

□ 福利厚生 ………企業が従業員の生活の充実や健康増進のため支援すること。

□ 有給休暇 ………勤務日に休んでも給料が支払われる休暇のこと。

□ 育児休業 ………子の養育のために，法律に基づいて取得できる休業制度。

□ ゴールデンウイーク…4月下旬から5月上旬の休日が多い期間のこと。

□ 盆休み …………お盆の8月15日前後の期間に設定される夏季休暇のこと。

□ シルバーウイーク …9月後半の休日が多い期間のこと。

□ 年末年始休暇…仕事納めの翌日から仕事始めの前日までの休暇。

□ 国民の祝日 ……元日（1月1日），成人の日（1月第2月曜日），建国記念の日（2月11日），天皇誕生日（2月23日），春分の日（春分日），昭和の日（4月29日），憲法記念日（5月3日），みどりの日（5月4日），こどもの日（5月5日），海の日（7月第3月曜日），山の日（8月11日），敬老の日（9月第3月曜日），秋分の日（秋分日），スポーツの日（10月第2月曜日），文化の日（11月3日），勤労感謝の日（11月23日）。

□ 六曜 ……………暦に記載されている吉凶の一つ。先勝（せんしょう），友引（ともびき），先負（せんぶ），仏滅（ぶつめつ），大安（たいあん），赤口（しゃっこう）の6種があり，順に繰り返す。「葬式は友引を避ける」，「結婚式は大安がよい」など，冠婚葬祭と結び付けて用いられることが多い。

第3章　一般知識

2 常識としてのカタカナ語

何気なく使っているカタカナ語も，人から意味を問われると日本語に訳せないことが多いものです。「何となく分かっている」，「意味は感じとれる」ではなく，正確に知っておくことが大切です。

☆ 覚えておきたいカタカナ語 ＊理解したらチェックしよう

- □ アウトソーシング ……他企業に請け負わせる経営手法。社外調達。
- □ アウトプット …………出力。入力はインプット。
- □ アセスメント …………評価。査定。環境アセスメントなど。
- □ アトランダム …………無作為に選び出すこと。
- □ イノベーション ……… （技術の）革新，刷新。現状を変革し新しくすること。
- □ インデックス …………索引。見出し。各種の指標。
- □ インパクト……………衝撃。影響（力）。
- □ インフォメーション …情報。案内。
- □ エージェント …………代理人。
- □ エキスパート …………専門家。熟練者。
- □ エグゼクティブ ………重役。経営幹部。
- □ エコノミスト …………経済学者（経済の専門家）。
- □ エリア …………………地域。区域。領域。
- □ エンジニア……………技術者。エンジニアリングは工学技術。
- □ オーソリティー ………権威。権威者。
- □ オーナー………………所有者。
- □ オブザーバー …………議決権がない会議参加者。
- □ オミット………………省くこと。除外すること。
- □ オペレーター …………操作係。
- □ キーマン………………中心人物。重要人物。キーパーソン。
- □ キャスト………………演劇・映画・テレビなどの配役。
- □ キャンペーン …………組織的な宣伝・販売促進活動。
- □ キャパシティー ………能力。容量。
- □ クオリティー …………品質。
- □ クライアント …………顧客。得意先。広告主。
- □ クリエーター …………創造的な仕事に携わる人。
- □ グレード………………等級。階級。
- □ クレーム………………苦情。
- □ コーディネーター ……調和が取れるように調整する人。
- □ コスト…………………生産にかかる費用。原価。経費。
- □ コメンテーター ………解説や批評をする人。

□ コンシューマー ……… 消費者。購買者。
□ コンセプト ………… 概念。考え。
□ コンセンサス ………… 意見の一致。
□ コンテンツ ………… 内容。中身。
□ コンベンション ……… 集会。
□ シンクタンク ………… 頭脳集団。
□ スキル ……………… 技能。熟練。
□ ステータス ………… 地位。身分。
□ ソフトウェア ……… コンピューターを作動させ
　　　　　　　　　　　るプログラムの総称。
□ ターゲット …………… 標的。
□ タイアップ …………… 協力。提携。
□ ダイジェスト ……… 要約。概要。
□ タイムラグ ………… 時間差。時間のずれ。
□ ディレクター ………… テレビなどの演出家，監督。
□ デッドライン ……… 越えてはならない限界線。
□ デメリット …………… 不利益となる点。短所。
□ トピック …………… 話題。
□ トラブル …………… いざこざ。もめ事。
□ トレンド …………… 傾向。流行。
□ ニーズ ……………… 需要。
□ ハードウェア ……… コンピューターの電子機械装置。
□ ファジー …………… 曖昧なこと。柔軟性があること。
□ プレゼンテーション … 提示。提案。発表。
□ プレミアム ………… 商品につける景品。手数料。割増金。
□ ペンディング ……… 保留。
□ ポテンシャル ……… 潜在能力。
□ マスコミ …………… 大衆伝達。テレビ，ラジオ，新聞などの情報伝達。
□ マネジャー …………… 支配人。管理職。
□ ミスマッチ ………… 一致しないこと。
□ ミニコミ …………… 少数者間の情報伝達（和製英語）。
□ メリット …………… 利益となる面。長所。反意語はデメリット。
□ メンテナンス ……… 保守・修理。維持。管理。整備。
□ ライフライン ……… 生活に不可欠な，電気・ガス・水道・通信などのこと。
□ リサーチ …………… 調査。
□ リザーブ …………… 予約。
□ リスク ……………… 危険。
□ レアアース ………… ネオジムなどの希土類元素の総称。
□ レアメタル ………… リチウムなどの希少金属の総称。
□ レジュメ …………… 要旨。
□ ローテーション ……… 交替。循環。回転。
□ ロス ………………… 損失。損害。
□ ワークシェアリング … 仕事の分かち合いにより，新規雇用の拡大を図ること。

Let's Study!
よく出る問題

■適当＝○か不適当＝×
　か考えてみよう。（用
　語と訳語の組合せ）
□ ①データ
　　　　＝資料
□ ②メディア
　　　　＝媒体
□ ③クライアント
　　　　＝保証人
□ ④リクエスト
　　　　＝要求
□ ⑤エキスパート
　　　　＝熟練者
□ ⑥リサーチ
　　　　＝確定
□ ⑦アドバイザー
　　　　＝助言者
解答①＝○　②＝○
　　③＝×（得意先，広
　　告主のこと）
　　④＝○　⑤＝○
　　⑥＝×（調査，研究
　　のこと）　⑦＝○

第3章　一般知識

③ 社会常識

目指せ全問クリア!!

1 難易度 ★☆☆☆☆ 😖 できないと キビシ～!!

チェック欄

次の「　　　」内は下のどの用語の説明か。中から適当と思われるものを一つ選びなさい。

「企画や見積もりなどの概要を関係者に発表，提示すること」

1）プロモーション
2）オペレーション
3）プレゼンテーション
4）オリエンテーション
5）コンサルテーション

2 難易度 ★★★☆☆ できて ひとまずホッ!!

チェック欄

次は国民の祝日とその日にちの組み合わせである。中から<u>不適当</u>と思われるものを一つ選びなさい。

1）文化の日　　　＝　11月 3 日
2）こどもの日　　＝　 5 月 5 日
3）憲法記念日　　＝　 9 月23日
4）建国記念の日　＝　 2 月11日
5）勤労感謝の日　＝　11月23日

3　難易度 ★★★☆☆　　できて ひとまずホッ!!　　チェック欄 ☐

　「公共料金」には電気や通信などの料金がある。次の中から公共料金ではないと思われるものを一つ選びなさい。

1）水道代
2）鉄道運賃
3）都市ガス代
4）タクシー代
5）振込手数料

4　難易度 ★★★★☆　😊　できたら拍手! 視界良好　　チェック欄 ☐

　次は直接関係ある用語の組み合わせである。中から<u>不適当</u>と思われるものを一つ選びなさい。

1）ライフワーク　──　休暇
2）チームワーク　──　仕事
3）トップダウン　──　社長
4）ベースアップ　──　給料
5）スキルアップ　──　資格

第3章　一般知識

1 = 3)

2 = 3)「憲法記念日」は，5月3日である。

3 = 5)「公共料金」とは，国民生活に直接関係する公益性のある事業の料金のこと。その設定や変更などは，国または地方公共団体による規制を受ける。「振込手数料」はそのようなものではない。

4 = 1)「ライフワーク」とは，その人が一生を懸けてする仕事のこと。休暇とは直接関係ないので不適当ということである。

合否自己診断の目安

　正解率60％以上を合格の目安としてください。ここでは，4問出題したので，3問以上の正解でクリアです。

　ただし，「第3章　一般知識」全体では，合計16問なので，10問以上の正解でクリア，また，「理論領域」全体では，合計36問なので，22問以上の正解でクリアとなります。

3　社会常識	4問中	問正解 ●正解率＝	％

第1章　必要とされる資質（計）	10問中	問正解 ●正解率＝	％
第2章　職務知識　　　　（計）	10問中	問正解 ●正解率＝	％
第3章　一般知識　　　　（計）	16問中	問正解 ●正解率＝	％

理論領域（合計）	36問中	問正解 ●正解率＝	％

これで，理論領域は終了です。
合計36問中，60％以上がクリアですから22問正解していれば，理論領域合格の目安となります。21問以下しか正解しなかった人は，実技領域の点数に関係なく不合格です。
何とかクリアしました？!
では，実技領域へ進みましょう!!

第4章

マナー・接遇

SECTION 1 人間関係と話し方

Lesson 1 人間関係の重要性

■これだけは押さえておきたい
Key フレーズ 「誠実な態度が，好ましい人間関係をつくる」

職場では，お互いが気持ちよく協力して仕事ができる人間関係を築くことが大切です。そのためには，「誠実に接すること」，「相手の立場に立つこと」，「価値観が違っても相手を受け入れて，理解しようと努めること」が大切です。

☆ 好ましい人間関係

職場における良好な人間関係とは，相互に気持ちよく協力し合える関係にあることです。社内外の人間関係がそうした良好な状態に保たれていれば，複雑な仕事や困難な仕事も一致協力して進めることができ，生産性も向上します。

人と接するときには，特に以下のことを心がけましょう。

● 誰に対しても誠意をもって接する。
● 失礼のない話し方をする。
● 自分だけの立場を主張しないで，相手の立場に立って考える。
● 相手を理解しようと努力する。
● さまざまな価値観があることを知る。

意見が合わなくても感情的にならないように。

そんな考え方もあるのね。

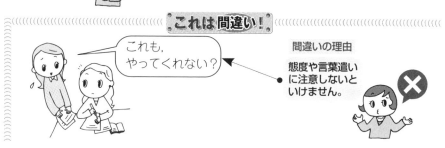

これは間違い！

これも，やってくれない？

間違いの理由

態度や言葉遣いに注意しないといけません。

☆ 望ましい執務態度

　職場での態度も人間関係に影響します。以下のポイントを押さえておきましょう。

- ●明るい表情で仕事に取り組む。
- ●常に誠意をもって対応する。
- ●ビジネスの場にふさわしい身だしなみを心がける。
- ●仕事に差し支える装いは避ける。
- ●目立つ服装や化粧は控える。
- ●上司や来客に対しては姿勢を正して話す。
- ●誰に対しても相手を尊重した態度で接する。
- ●上司に呼ばれたら明るく「はい」と返事をし，すぐ上司のところに行く。

ハイ

このように，呼ばれたら明るく返事をして上司の元へ行きます。

Let's Study!
よく出る問題

■適当＝○か不適当＝×か考えてみよう。
□①髪を染めるのは，先輩が染めているのであれば，それに合わせて染める。
□②名刺を受け取るときは，胸の高さで両手で受け取っている。
□③客に椅子を勧めるときは，お辞儀をしながら両手で席を示している。

解説：①身だしなみとは，人に不快感を与えないように身なりを整えることをいう。染めるなら自分の身なりを損なわない色に染めればよく，先輩に合わせる必要はない。
解答＝×
②，③名刺を受け取るなど片手でもできることを両手ですると丁寧なしぐさになるが，方向を示したり，椅子を勧める場合は片手でよい。
解答②＝○，③＝×

第4章 マナー・接遇

～～～ **これは 間違い！** ～～～

周りの人のことは気にしないで，自分の仕事に専念するように心がけています。

間違いの理由

秘書の「仕事」とは，上司を補佐し，上司と関係者とのパイプ役になることです。そのためには，周りの人と友好な関係を築くことが大切です。上司に心を配り，周囲の人たちを気遣う気持ちがなければ，秘書業務は成り立たないのです。

2 人間関係をつくるあいさつ

■これだけは押さえておきたい■
Key フレーズ 「あいさつは，人間関係の第一歩である」

　人間関係は，あいさつから始まります。上司やお客さまに対して，また，周囲の人たちに対してビジネスの場面に応じた適切なあいさつができることが，社会人として求められます。

☆ あいさつのマナーと効用

　自分から積極的にあいさつをすると，相手も好感を持ち，よい人間関係を築いていくことができます。

- ●知っている人に出会ったらほほ笑みかけてあいさつをする。
- ●あいさつは親しみを込めてする。
- ●相手から先にあいさつされたときは，明るくあいさつを返す。
- ●自分から名指しであいさつする。

こんにちは

顔見知りの人に
会ったら自分か
らあいさつしま
しょう。

○○課長
おはようございます

このように，名指しであいさつすると
親近感も増します。

Let's Study!
よく出る問題

■適当＝○か不適当＝×
か考えてみよう。

□①お辞儀を丁寧にする
ため深く頭を下げる
には，背を丸くする
ようにした方が
よい。

□②同僚や後輩などに礼
などを言うときには，
頭を下げずに目だけ
であいさつをする目
礼が適している。

□③顔見知りの来客と廊
下などで擦れ違うと
きは，ちょっと立ち
止まるようにして会
釈するのがよい。

解説：①お辞儀を丁寧に
するのはよいが，見た
目の印象が大切。背を
丸めていてはきれいに
見えない。
　解答－×
②礼を言うのは，その人
に対して感謝の気持ち
を表すのだから，お辞
儀をして礼の言葉を言
うことになる。同僚だ
から後輩だからと差別
するのは不適当である。
　解答＝×
③解答＝○

☆ 三種類のお辞儀

お辞儀には次のような種類があります。

⬆会釈　　　　　⬆敬礼（普通礼）　　　　⬆最敬礼

☆ 状況に応じたあいさつ ＊マスターしたらチェックしよう

以下のようなあいさつを適切にできるようにします。

- ☐「おはようございます」
- ☐「こんにちは」
- ☐「いらっしゃいませ」
- ☐「お世話になります」
- ☐「いつもお世話になっております」
- ☐「ありがとうございます（ました）」
- ☐「恐れ入ります」
- ☐「失礼いたします（いたしました）」
- ☐「申し訳ございません」
- ☐「行ってらっしゃいませ」
- ☐「お帰りなさいませ」
- ☐「お疲れさまでした」
- ☐「お気を付けてお帰りくださいませ」
- ☐「ごめんくださいませ」

)))))))))) これは 間違い！))))

あいさつをするのは，よい人間関係をつくるためと，相手が自分をどう思っているかを，その反応でつかめるからです。

間違いの理由

あいさつの反応で相手がどう思っているのかがつかめるとは言い切れません。また，あいさつはそういう気持ちでするものではありません。

第4章 マナー・接遇

3 話し方と人間関係

Key フレーズ 「人間関係をプラスにするように話す」

同じ話をする場合も，聞き手（来客，上司，先輩，同僚など）との人間関係によって話し方を変えることが大切です。そして，話すことによって，人間関係が次第によくなっていくという話し方ができる人が話し方の達人です。

☆ 話し方と人間関係

　話し手は聞き手との人間関係をわきまえて話さないと，話の効果を上げるどころか，逆効果になってしまうことさえあります。

　また，話すことによって，人間関係を変えてしまうこともあります。

◆効果的な話し方と人間関係

　話し方は聞き手との人間関係によって変わってきます。それは，話の内容は話し手側にありますが，話をした効果があったかどうかの決定権は，聞き手側にあるからです。例えば，初対面の目上の人に対して，職場の先輩に対するような話し方をすれば，相手は感情を害して話し手の意図とは違った行動を取るかも知れません。そうすると，話の効果はなかったことになります。また，仲の悪い人に対して，親友と同じ話し方で話しても話の効果は半減してしまいます。

　このように，効果的に話をするには，話し手は人間関係によって話し方を変える必要があります。

> **Let's Study!**
> **よく出る問題**
>
> ■適当＝○か不適当＝×か考えてみよう。
> □①切れ目が少ない話し方の方が，女性的で，女性秘書には向いている。
> □②歯切れのよい，はっきりした話し方の方が，秘書に向いている。
> 解説：秘書はビジネスの場で仕事をするのだから，歯切れがよいはっきりした話し方をしなければならない。切れ目が少ないのは，だらだらした話し方で不適当。
> 解答①＝×，②＝○

これは 間違い！

できるだけ率直に話すようにし，自分の話が相手にどう思われているかは，気にしないようにしています。

間違いの理由

率直に話すとは，思ったままに話すことです。それがそのまま相手に受け入れられるとは限りません。周りの人との関係をよくするためには，相手を気にして話すようにすることが大切です。

◆話すことによって人間関係が変わる

　仲のよい同僚でも，うっかり相手を傷つけるようなことを話したために仲たがいしたり，虫が好かない人だと思っていたのに，何かのきっかけで，じっくり話してみると意外に意気投合して親密になったというようなことはよくあることです。

　話すことで人間関係をプラスにしていくことが重要であり，秘書に求められる能力でもあります。そのためには，相手を思いやる話し方や相手に親近感や共感を持たれるような話し方を心がけることが大切です。

☆ 会話のマナー

　相手に好印象を与える話し方や聞き方ができるように，次のような会話のマナーを心得ておきましょう。

●会話中は話し手と聞き手のバランスを考え，話を独占しない。
●人の話の腰を折ったり，揚げ足を取ったりしない。
●会話が途切れたら，話題を提供するよう努力する。
●相づちを打つなどして，親しみを込めて積極的に聞くようにする（よい聞き手となる）。

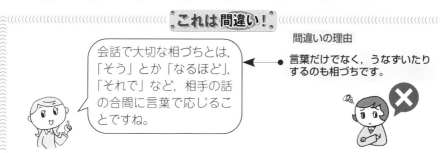

これは 間違い！

会話で大切な相づちとは，「そう」とか「なるほど」，「それで」など，相手の話の合間に言葉で応じることですね。

間違いの理由
●言葉だけでなく，うなずいたりするのも相づちです。

☆ 話の目的と効果

　話をするときの目的や効果には次のようなものが考えられます。

●情報を伝達し，理解・了解など知的な反応を起こさせる（報告・説明）。
●情緒的な反応を起こさせ，親近感を持たせる（あいさつ・会話）。
●知的，情緒的な反応を起こさせ，態度を変えさせる（説得・注意）。

Lesson

4 敬語の使い方

■これだけは押さえておきたい■
Keyフレーズ 「敬語は相互尊重の心が基本」

それぞれの立場や関係などを思いやりながらコミュニケーションを図っていく。そのための表現方法の一つが敬語です。そして，これによって，「人と人とが相互に尊重し合う人間関係」を築いていくわけです。

☆ 敬語と秘書

秘書は，目上の人や年長者など，職場でさまざまな来客と会話をすることが多いため日ごろから正しい敬語の使い方を身に付けておくことが大切です。敬語とは，相手への敬意を表す言葉のことで，尊敬語，謙譲語，丁寧(ていねい)語の3種類があります。

敬語		
	尊敬語	相手の動作を高めて敬意を表す言い方。
	謙譲語	自分や自分に属する者の動作を低めて相手に敬意を表す言い方。
	丁寧語	話している相手（聞き手）に直接敬意を表す言い方。

☆ 尊敬語の型

◆「お」「ご」を付けて尊敬語にする形式

ケース別 分類	言い方の例
敬意を表す言葉	会長ご夫妻のご出席 社長のお考え（ご意向）
相手の物事を表す言い方	お手紙拝見いたしました（あなたからの手紙） お荷物はこちらです（あなたの荷物）

◆「れる」「られる」や「お（ご）〜なる」「お（ご）〜なさる」を用いて尊敬語にする形式

普通の言い方	「れる」「られる」型	「お（ご）〜になる」「お（ご）〜なさる」型
書く	書かれる	お書きになる
出席する	出席される	ご出席になる　ご出席なさる
来る	来られる	————

◆特別な言葉を用いて尊敬語にする形式

普通の言い方	特別の言い方（言い換え）
行く	いらっしゃる
言う	おっしゃる
見る	ご覧になる
食べる	召し上がる
来る	おいでになる，いらっしゃる，お越しになる

☆ 謙譲語の型

◆「お」「ご」を付けて謙譲語にする形式

ケース別 分類	言い方の例
自分のことだが相手に関係するため使われている言葉	お手紙を差し上げます （私からあなたへ手紙を差し上げます） ご返事いたします （私からあなたへ返事をします）

◆「お（ご）〜する」「お（ご）〜いたす」の形式を用いて謙譲語にする

普通の言い方	「お（ご）〜する」「お（ご）〜いたす」型
書く	お書きする
出席する	出席いたす

第4章　マナー・接遇

◆特別な言葉を用いて謙譲語にする形式

普通の言い方	特別の言い方
行く	参る，伺う
言う	申す，申し上げる
見る	拝見する
食べる	いただく

◆「～していただく」「お（ご）～いただく」の形式を用いて謙譲語にする（依頼）

普通の言い方	「～していただく」型	「お（ご）～いただく」型
検討する	検討していただく	ご検討いただく
書く	書いていただく	お書きいただく

☆ 丁寧語

　丁寧語は，目上の人などに話すときに使う言葉で，「です」「ます」「ございます」の三つがあります。

普通の言い方	特別の言い方
そうだ	そうです，さようでございます
する	します，いたします
ある	あります，ございます

☆ 間違いやすい敬語

敬語を用いるときには，以下のようなことに注意しましょう。

● 「お（ご）」の乱用は避けます。
● 二重敬語は敬語の使い方として過剰になるので注意します。
● 外部に対して社内の者・身内のことを話す場合は，たとえ目上の者であっても尊敬語は用いない。

> 例）「山田部長はお出かけになっています」は，「部長の山田は出かけております」というように使う。

ただし，その人の家族などに言う場合は尊敬語を用います。

これは　間違い！

「お客さまはお帰りになられました。すぐに，お熱いお紅茶をお持ちいたします」と言ったら，「敬語の使い方がまだまだだね」と注意されました。間違ってないと思いますが……。

間違いの理由

「お帰りになられました」は二重敬語になります。「お帰りになりました」が正解です。
なお，間違いとは言い切れませんが，「お熱いお紅茶」は，「熱い紅茶」で十分でしょう。

よく出る問題

■適当＝○か不適当＝×か考えてみよう。
□　上司（部長）に対して，「課長が，資料をご拝見したいとのことでした」と話した。
解説：「拝見したい」は，「見せてもらいたい」と言う場合の謙譲語の特別な言い方なので，「ご」を付けて「ご拝見」とするのは不適当である。
解答＝×

1 難易度 ★☆☆☆☆ できないと キビシ～!! チェック欄

　次は秘書Aが，周りの人とよい人間関係を保ちながら仕事をするために心がけていることである。中から<u>不適当</u>と思われるものを一つ選びなさい。

1）誰に対しても，出会ったときは自分から明るくあいさつするようにしている。
2）誰かと行動するときには，なるべくその人のペースに合わせるようにしている。
3）雑談であっても，誰かが話をしているときには，口を挟まないようにしている。
4）ミスを見つけ，誰のミスかが分かっても，気付かないふりをするようにしている。
5）相手が誰でも，その人のよいところを見るようにし，陰口などは言わないようにしている。

2 難易度 ★★☆☆☆ できないと アヤウイ! チェック欄

　次は秘書Aの，上司への言葉遣いである。中から<u>不適当</u>と思われるものを一つ選びなさい。

1）これは自分がするということを
　　「こちらは私がいたします」
2）予約客の木村氏が来たことを
　　「お約束の木村様がいらっしゃいました」
3）K支店へ，いつごろ行くかということを
　　「K支店へいつごろおみえになりますか」
4）そろそろ出かける時間だということを
　　「そろそろお出かけのお時間でございます」
5）友人の吉田氏から電話だということを
　　「ご友人の吉田様からお電話が入っております」

3 難易度 ★★☆☆☆ できないと アヤウイ!　　　　チェック欄

次は，秘書Aが日ごろ心がけていることである。中から<u>不適当</u>と思われるものを一つ選びなさい。

1) 書類などは，受け取るときも渡すときも両手でするようにしている。
2) 来客から名刺を受け取るときは，胸の高さで両手で受け取るようにしている。
3) 印鑑のような小さな物を受け取るときでも，両手で受け取るようにしている。
4) 出社した上司にお茶を出すときは，なるべく同じ所に両手で置くようにしている。
5) 来客に座ってもらう椅子を勧めるときは，少し腰をかがめて両手で指し示すようにしている。

4 難易度 ★★★☆☆ できて ひとまずホッ!!　　　　チェック欄

次は秘書Aが上司から呼ばれたとき，上司に対して言った言葉である。中から言葉遣いが<u>不適当</u>と思われるものを一つ選びなさい。

1)「はい，お呼びでしょうか」
2)「はい，何かご用でしょうか」
3)「はい，お呼びいたしましたか」
4)「はい，いかがなさいましたか」
5)「はい，どのようなご用でしょうか」

次は，秘書Ａの来客への言葉遣いである。中から適当と思われるものを一つ選びなさい。

1)「ご面談は，断らさせていただきます」
2)「お客さまが申される通りでございます」
3)「そのようなことは，私どもでいたします」
4)「今から参られれば，十分，間に合うと思いますが」
5)「この件について，何か伺っていらっしゃいますか」

　　今年入社した秘書Ａは，新入社員を対象としたマナー研修を受講した。そこで講師から，「他部署などに行くためちょっと自分の席を離れるとき，どのようにするのがよいと思うか」と質問された。次はそのときＡたちが答えたことである。中から適当と思われるものを一つ選びなさい。

1) 少しの時間なのだから，隣の席の人に行き先を言って席を離れる。
2) 周りの人に聞こえるように，大きな声で行き先を言って席を離れる。
3) 隣の席の人に，仕事の邪魔にならないよう行き先を書いたメモを渡して席を離れる。
4) 行き先によっては上司の仕事の動向が知れてしまうので，特に何もせず席を離れる。
5) 訪ねてくる人にも分かるよう，「離席中」と書いたメモを机の上に置いて席を離れる。

1=4）ミスは誰にでもあることだが，本来してはいけないこと。従って，気付かないふりをするのは，会社のためにも本人のためにもならず不適当。よい人間関係を保ちながら仕事をするためには，お互いに注意できることが必要ということである。

2=3）「みえる」は「来る」の尊敬語で，さらに丁寧にした言い方が「おみえになる」である。この場合は上司が「行く」のだから，意味が違っている。適切な言い方は，「お出かけになりますか」「いらっしゃいますか」などになる。

3=5）物の受け渡しはどのようなものでも両手でするのが丁寧だが，この場合は椅子を指し示すのである。物や方向などを指し示すときは片手でするものなので，腰をかがめるのはよいが両手でするのは不適当である。

4=3）「お呼びいたしました」は，自分が誰かを呼んだと言うときの謙譲語。この場合，呼んだのは上司なので不適当ということである。

5=3）3）が適当。1）「断らさせて」は，余計な「さ」が入っている。適切なのは「断らせて」など。2）「申される」は「おっしゃる」，4）「参られれば」は「いらっしゃれば」，5）「伺って」は「お聞きになって」などの尊敬語が正しい言葉遣いということである。

6=1）自分の席を離れるときは，その間に何かあったとき事情が分かるようにしておかないといけない。ちょっと席を離れる程度であれば，隣の席の人など，近くの人に行き先を言っておくのが適当ということである。

合否自己診断の目安

　正解率60％以上を合格の目安としてください。ここでは，6問出題したので，4問以上の正解でクリアです。

1　人間関係と話し方	6問中　　問正解 ●正解率＝　　　　％

いよいよ実技領域に入りました。理論領域と同様，この実技領域（4章・5章）でも合計で正解率60％以上にならないと合格の目安が立ちません。セクション1で60％取れなくても，気を落とさずに頑張りましょう。4章，5章の合計で60％以上正解すればいいのですから。

Lesson 1 情報伝達の仕方

■これだけは押さえておきたい■
Key フレーズ 「上司の代理でも，地位は代理しない」

上司の代理で他部署に命令や指示を伝達したり，電話をかけたり，見舞いに出かけたりすることがあります。その際，秘書が代理するのは伝達者としての役割であって，上司の地位ではないということを意識しておかねばなりません。

☆ 上司へ情報を伝達する

秘書が，上司へ伝達すべき情報にはどのようなものがあるか，また伝達の際にはどのような点に注意するのかを心得ておきます。

◆上司へ伝達する情報とは

秘書が上司へ伝達する情報としては，次のようなことが考えられます。

- ●上司不在中に応対した社内外からの来訪者とその伝言。
- ●上司の不在中に受けた電話とその伝言。
- ●新聞記事（人事異動，関係者の死亡広告など）の情報。
- ●届いた文書や資料，手紙の要約。
- ●会社の方針や施策に対する従業員の意見や反応（上司に求められたとき）。

◆情報伝達の際の注意事項

情報伝達で重要なことは，正確に分かりやすく伝えることです。伝達の際には，以下の点に留意します。

- ●正確に伝達する。
  日時，場所，数量などは正確に伝える。
- ●分かりやすく話す。
  曖昧な言い方をせず，要領よく，簡潔に話す。
- ●適切な態度で話す。
  上司の目を見て，正しい姿勢で，明るくはっきり話す。

○○新聞社の××記者から，△△の件で……

☆ 上司の代理として伝達する

　秘書は，上司の代理として情報伝達することがあります。どのようなケースがあるか，またその際に注意すべき点は何かを押さえておきます。

◆上司の代理で情報伝達するケース

　上司に代わって行う情報伝達には，次のようなことが考えられます。

- ●上司からの命令事項を上司の部下に伝達する。
- ●上司に代わって電話をかける。
- ●上司に代わって祝儀，不祝儀，見舞いなどに出かける。

⬆ 上司の部下へ情報伝達　⬆ 電話をかける　⬆ 冠婚葬祭に出かける

◆上司の代理で情報伝達する際の注意事項

　上司に代わって行う情報伝達では，次の点に注意します。

- ●上司の意向を曲げない。
  　　上司の言いたいことを，正確に相手に伝える。自分の勝手な判断で余計なことを加えたり省いたりしない。
- ●丁寧な言動を心がける。
  　　上司の代理であっても，立場は秘書であることに変わりはない。「上司の地位を代理しているわけではない」ということを心得て，あくまでも丁寧な言動を心がける。
- ●謙虚な態度で行う。
  　　伝達する相手は自分よりも立場が上の人である場合が多い。礼儀をわきまえて，謙虚な態度で伝えることが大切。
- ●正しい敬語表現を用いる。
  　　話し手である自分と相手，相手と上司の関係をよくわきまえて，尊敬語，謙譲語の使い方に注意する。

2 報告の仕方

Key フレーズ 「『悪い報告はすぐに知らせる』のが鉄則」

> よい報告はすぐにでも知らせたくなり，悪い報告ほど後回しにしたくなるのが人情ですが，「悪い結果はすぐに報告する」のが基本。早く知ることで，それに対する対策も早く打ち出すことができるからです。

☆ 報告のタイミング

上司に報告することが出てきた場合，何でもすぐに報告すればよいというものではありません。報告内容の緊急度，上司の仕事の状況などを考慮してタイミングよく行うようにします。

◆今すぐか，後でもよいかを判断する

報告内容の緊急度，重要度によって判断します。特に上司が重要視している件で悪い結果がもたらされたような場合は，一刻も早く報告することが必要です。

◆上司の状況を見て判断する

後でもよい報告は，上司が考え事をしているときや忙しいときを避けて，一段落したところを見計らって報告します。

報告して差し支えないときだと判断しても，必ず「今，よろしいでしょうか」と上司の意向を確認します。

◆指示された仕事の経過報告は求められる前に

次のようなときは，上司に尋ねられる前に報告するようにします。

- ●命じられた仕事が終わったとき。
- ●仕事が予定よりも長引きそうなとき。
- ●長時間かかる仕事で，終了の見通しがついたとき。

Let's Study!
よく出る問題

■適当＝○か不適当＝×か考えてみよう。

- □①込み入った内容の報告は，経過を先に報告するようにしている。
- □②報告事項が幾つかあるときは，指示を受けた順に報告している。
- □③「結果は報告するが，経緯は話すと長くなるので省略する」と言って報告する。

解説：①報告の重要な目的は結果を知らせることである。経過でなく，結果を先に知らせなければならない。
解答＝×

②幾つか報告するときは，急ぎのもの，重要なものを先にしなければならない。
解答＝×

③「経緯を省略する」のは秘書の独断である。上司にとっては，時間がかかっても知りたい重要なことかもしれない。
解答＝×

☆ 報告の際の態度

　上司に報告するときは，上司の前に立ち，正しい姿勢で報告します。下図のような点がポイントです。

正しい立ち姿勢
で上司の方を向
いて話す。

報告する前に上司の
目をしっかり見る。

騒がしい所は
避けるなど，場所
をわきまえる。

明るく，
はきはきと話す。

☆ 報告の要領

　報告する際には，事前に報告内容を確認し，以下のような点に留意して報告します。

●結果・結論を先に。
　　まず結果や結論を述べ，理由や経過説明は後から行う。
●要領よく簡潔に。
　　報告する前に自分で内容を十分に理解し，要領よく報告する。
●事実と推測を区別。
　　まず事実を客観的に述べ，主観的判断や意見，推測とは区別する。
●上司以外に報告するときは，相手を間違えない。
　　漏れると都合の悪い情報もある。誰に報告するのかを確認する。
●メモ・文書にする。
　　内容が複雑で口頭では十分でないとき，日時，数量，名称などに正確性が求められるときは，メモや簡単な文書にして伝える。

Lesson 3 依頼と断り方

これだけは押さえておきたい
Key フレーズ 「依頼のコツは相手の自発性を促すこと」

依頼するとは，こちらから相手にお願いして協力を求めることです。その際に重要なのは，相手にしぶしぶ協力させるのではなく，相手が自発的に快く引き受けようという気持ちを起こさせることです。

☆ 依頼の際の留意点

依頼とは相手に頼んで協力を求めることです。日ごろから協力を得られるように，良好な人間関係を築いておくことが大切ですが，単に自分の要望だけを述べるのではなく，相手が協力しようという気になるような話し方や依頼の仕方を考える必要があります。依頼する際には，次のようなことに留意します。

- ●依頼したい内容・用件について要点をまとめておき，難易度，必要とする時間などを事前に把握しておく。
- ●誠実に，熱意を持って話すようにする。
- ●相手に応じた話し方を考える。

☆ 効果的な依頼の仕方

相手の性格や状況などを考えて，効果的な依頼の仕方をすることが大切です。以下のようなポイントを押さえておきましょう。

- ●切り出し方を考える。
  目上の人や取引先などには，
  「突然で，申しかねますが」
  「折入ってお願いしたいことがございますが」
  同僚や後輩には，
  「頼みたいことがあるのだけれど」
  などと切り出す。

お願いがあるんだけど

●自尊心に訴える，魅力を持たせる。

「あなたでなければ，できないことを頼みたいのだけど」などと相手の自尊心に訴える。

また，仕事の価値を高く評価し，引き受けることに魅力を感じさせるのも重要なポイント。

あなたでないとできないことなの

●やり方を示す。

「こういうやり方をすれば，うまくできると思うけど」などと具体的なやり方を示して，不安感をなくすことが大切。ただし，やり方は強制せず，相手に任せることが重要。

こういうふうに

●押し付けない。

人は他人から強要されたくないという気持ちを持っている。押し付けるような依頼の仕方では，相手の反感を買い逆効果。相談するようにして，相手が自発的に協力しようという気持ちを起こさせるのがよい。

私に任せなさい

相談したいんだけど

☆ 断り方の要領

相手の依頼や申し出を断ることによって相手の気持ちを傷つけたりしないよう，十分配慮することが大切です。

●相手の話をよく聞く。

できれば協力したいという気持ちで，相手の話に耳を傾ける。

●理由を話す。

なぜ断るかこちらの事情を説明し，理解を求める。

●納得してもらう。

残念だが今回は協力できない旨を話し納得してもらう。代案があれば提示してみる。

■これだけは押さえておきたい■
Key フレーズ 「疑問点は指示を最後まで聞いてから尋ねる」

指示を受けているときに疑問点があっても，その都度聞いてはいけません。理由の一つは上司の話を中断させてしまうからです。二つ目は，話を聞くうちに疑問点が晴れて，質問する必要がなくなる場合もあるからです。

☆ 指示を受けるときの手順

上司に呼ばれたら，必ず何かの指示があると思って行動することが大切です。次のような手順を踏みます。

))))) **これは 間違い！**)))))

上司に呼ばれたら

① 「はい」と明るく返事をする。

はい

② メモ用紙と筆記具を用意する。

③ 呼ばれた場所に素早く行き，
「お呼びでしょうか」と声をかける。

お呼びでしょうか

上司の指示で不明な点や疑問点があった場合は，どのような場合でも最後まで聞いて，質問するようにしています。

間違いの理由

疑問点などは，上司の指示を最後まで聞いてからするのが鉄則ですが，指示が長くなる場合などは，話が一段落したところでします。

指示を受けたら

④ 気持ちを集中し，最後までよく聞く。

⑤ 指示説明を聞きながら，要点をメモする。
　要点は5W3Hを参考にする。

What ホワット	何をするのか
Why ホワイ	何のために
When ホエン	いつまでか
Who フー	自分一人か，誰かとか
Where ホエア	どこでするのか
How ハウ	どのようにして
How much ハウ マッチ	（予算などは）幾らか
How many ハウ メニイ	（数量など）幾つか

⑥ 復唱して確認する。特に数字には注意する。

⑦ 不明な点や疑問点はその場で最後に確認する。

☆ 指示を受けて困ったときは

　期限が迫っている仕事を手がけていて，新たに指示された仕事がすぐに実行できないときは，上司に優先順位を指示してもらいます。

　また，上司以外の上役に頼まれた仕事を受けてよいかどうか迷うときは，上司に報告して指示を仰ぎます。

Let's Study!
よく出る問題

■適当＝○か不適当＝×
か考えてみよう。
□①上司から資料を10部
コピーするように指
示されたときは「分
かりました。10部の
コピーですね」と返
事をしている。
□②指示を受け終わった
が，分からないとこ
ろがあり，確かめる
ときは「もう一度ご指
示をお願いします」と
言う。
解説：①上司に指示され
たら敬語を用いて返事
をする。「かしこまり
ました。10部でござい
ますね」と言う。
解答＝×
②「もう一度」とは，同
じことを繰り返して言
えということである。
分からないところだけ
を聞けばよい。
解答＝×

第4章　マナー・接遇

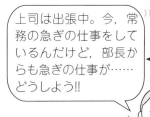

上司は出張中。今，常
務の急ぎの仕事をして
いるんだけど，部長か
らも急ぎの仕事が……
どうしよう!!

これは 間違い!

間違いの理由

そういうときには，最後に指示
を出した部長に相談することで
す。また，同じ急ぎの仕事でも
期限に間に合うようなら快く引
き受けましょう。

☆ 注意・忠告の意味を知る

　自分では完璧に仕事をこなしていると思っていても，上司から見ると不十分な点や改めてほしい面があるかもしれません。

　そのような点を上司や先輩秘書が見いだして指摘するのは，立派な秘書に育ってほしいと願っているからです。

　注意などに耳を傾け，至らぬ点を改めていく人は，人間的にも成長していきます。秘書としての能力を伸ばすためにも，上司や先輩の注意は素直に聞き，すぐに改善するように努力しましょう。

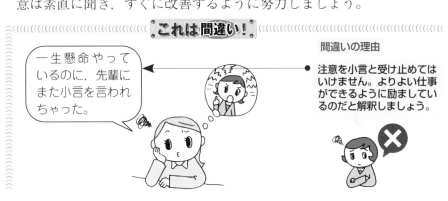

これは 間違い！

一生懸命やっているのに，先輩にまた小言を言われちゃった。

間違いの理由

注意を小言と受け止めてはいけません。よりよい仕事ができるように励ましているのだと解釈しましょう。

☆ 注意・忠告の受け方

　注意などを受けたら，反発したり，反感を抱かずに前向きに捉えることが大切です。

◆何について言われたのか考える

　誰が言ったかを問題にするのではなく，何について言われたのかを考えます。仕事の仕方や自分のした行為がなぜ間違っているかを考えることが大切で，誰が言おうと同じことです。

◆間違いに気付いたら素直に謝る

　注意などを受けたときは，相手の話をよく聞き，なぜ注意されたのか理解するよう努めます。自分の間違いに気付いたときは，「申し訳ありませんでした。今後は改めます」と素直に謝ることが大切です。注意されたことについて反省し，二度と同じ間違いをしないよう注意します。

◆注意などは最後まで聞く

　注意の途中で口を挟むのは，注意をする人に対して失礼になります。最後まで相手の話を真剣に聞くようにします。

◆言い分があっても，まずは素直に謝る

　自分に言い分があった場合でも「自分の言動に誤解をまねく不十分な点があったため」と考え，そのことについて謝ります。

◆相手が間違っているとき

　相手の注意が不適切だという場合もあります。そういうときも感情的にならず，まず相手の話を最後まで聞きましょう。自分の言い分は相手の話が済んでから穏やかに話します。

◆注意など内容を記録して反省する

　同じ失敗を繰り返さないためにも，注意されたことをノートなどに記録しておきます。注意などから学ぶことも多いはずです。

◆注意を受けるときのタブー

●途中で口を挟む。

●感情的になる。
●ふてくされる。
●口をきかない。
●沈み込む。

●責任を回避する。
　「でも」
　「だって」
　「それは」

●開き直る。

今日は，反省することばかりだなあ……

ノートに反省事項を記録しておくことは大切なことです。

第4章 マナー・接遇

1 難易度 ★☆☆☆☆ できないと キビシ～!! ・・・ チェック欄 □

次は秘書Aの，上司や先輩から指示を受けるときの受け方や態度である。中から**不適当**と思われるものを一つ選びなさい。

1) 指示をする人の目を見て，相づちを打ちながら聞くようにしている。
2) 指示が長く立ったままであっても，姿勢を崩さずに最後まで聞くようにしている。
3) 指示の内容を確認するときは，その仕事をする理由を必ず尋ねるようにしている。
4) 呼ばれたらすぐに筆記具を持ってそばに行き，必要に応じてメモを取るようにしている。
5) 指示の中で分からないことがあったら，切りのよいところでまとめて質問するようにしている。

2 難易度 ★☆☆☆☆ できないと キビシ～!! ・・・ チェック欄 □

秘書Aの下にいる新人Bにはちょっとしたミスが多い。このようなBのミスをなくすには，Aは先輩としてどのようなことを言うのがよいか。次の中から**不適当**と思われるものを一つ選びなさい。

1) 「ちょっとしたミスでも，他の人に迷惑がかかることを自覚するように」と言う。
2) ミスをしたらちょっとしたことでも，「ミスの原因を考えてみるように」と言う。
3) 簡単な仕事でも自分が手本を示して，「このようにすればミスがなくなる」と言う。
4) 「今までの新人はミスなどしなかったのだから，Bもできないはずはない」と言う。
5) 「先輩たちがどのようなやり方をしているかを見て，それを参考にするように」と言う。

3　難易度 ★★☆☆☆　　できないと アヤウイ!　　チェック欄

　次は秘書Aの，上司や先輩への報告の仕方である。中から<u>不適当</u>と思われるものを一つ選びなさい。

1）報告は事実だけをするようにし，自分の考えなどは聞かれなければ言わないようにしている。
2）報告することが幾つかあるときは，重要で急ぎと思われるものから先にするようにしている。
3）報告が長くなりそうなときは，時間がかかるがよいかの了承を得てから報告するようにしている。
4）上司から指示された仕事でも，先輩から指示された仕事でも，仕事が終わったらすぐに報告するようにしている。
5）上司が先輩に指示した仕事をAが手伝ったときは，それが終わったことの報告を上司と先輩それぞれにするようにしている。

4　難易度 ★★☆☆☆　　できないと アヤウイ!　　チェック欄

　次は秘書Aが，上司から注意を受けるときの受け止め方として心がけていることである。中から<u>不適当</u>と思われるものを一つ選びなさい。

1）注意されたことの直し方が分からない場合でも，まず謝るようにしている。
2）注意されたことはきちんと反省するが，気持ちが落ち込むことのないよう気を付けている。
3）注意の中に事実と違うことが含まれていたとしても，途中では訂正しないようにしている。
4）注意を受けるときはメモを取り，メモしたことをその場で読み上げてこれでよいか確認している。
5）注意されたことが同僚にも関係するときは，後で同僚に話して注意の内容を共有するようにしている。

秘書Aは今日中に上司に報告しておきたいことがある。報告は込み入っているので時間がかかりそうだが，上司は忙しそうにしている。次はAが，このような場合どのように報告したらよいか考えたことである。中から<u>不適当</u>と思われるものを一つ選びなさい。

1）先に要点だけ報告してから，「詳しくは文書にするがそれでよいか」と尋ねる。
2）先に要点だけ報告してから，「詳しく報告したいが後の方がよいか」と尋ねる。
3）最初に報告にかかりそうな時間を言って，よいと言われたら要領よく報告する。
4）最初に「時間がかかるので経緯は省略する」と言ってから，結果のみ報告する。
5）最初にどのような報告かを言って，「今日中に報告したいがいつごろがよいか」と尋ねる。

秘書Aは上司から，資料を8部コピーするように指示された。このような場合，上司にどのように返事をするのがよいか。次の中から適当と思われるものを一つ選びなさい。

1）「かしこまりました。8部でございますね」
2）「分かりました。すぐに8部お取りします」
3）「了解いたしました。8部ご用意いたします」
4）「はい，8部でございますね。了承しました」
5）「8部でございますね。お引き受けいたしました」

1＝3）指示とは，仕事をするように指図することである。その仕事をする理由は，業務上の必要がなければ確認することではない。従って，必ず尋ねるようにしているなどは不適当ということである。

2＝4）ミスをなくすように言うのは注意である。今までの新人はミスをしなかったと比較して，できないはずはないと言うなどは，注意の仕方として不適当ということである。

3＝5）上司が先輩に指示した仕事は，先輩の仕事ということになる。その仕事をAは手伝ったのだから，終わったことの報告は先輩にすればよい。上司にも報告するなどは不適当ということである。

4＝4）注意を受けるとき，内容によってメモを取ることはある。が，その場で読み上げてこれでよいか確認するなどは，注意を受ける態度ではないので不適当ということである。

5＝4）この場合，込み入った報告だから経緯は必要であろう。従って，上司が忙しそうだからといって，初めから省略すると言うなどは不適当ということである。

6＝1）8部コピーするように指示されたときの返事は，部数の確認と指示の内容が分かったと言うこと。部数の確認は1）以外の言い方もよいが，「かしこまりました」が上司の指示に対する返事としては適当ということである。

▶▶▶▶▶▶▶▶　合否自己診断の目安　◀◀◀◀◀◀◀◀

　正解率60％以上を合格の目安としてください。ここでは，6問出題したので，4問以上の正解でクリアです。

2　話し方・聞き方の応用	6問中 ☐ 問正解 ●正解率＝ ☐ ％

ここの問題は，少し易しかったので，全問正解の人もかなりいるのではないでしょうか。簡単な問題は，確実に取るようにしましょう。

■これだけは押さえておきたい■
Key フレーズ 「電話は，聞き違いに注意する」

電話は言葉だけが頼りです。相手に正しく伝わるように，発音や話し方に気を付けます。「市立・私立」などの同音異義語や「イチ・シチ」などの類音語をうまく言い換える工夫が必要です。また，電話のマナーも心得ておきます。

☆ 電話の特性

電話には，対面して話す会話と異なり次の特性があることを心得ておきます。

一方的な性質がある 面会は相互に会う時間を約束するが，電話は一方的にかけたり，かかってきたりする。かける時間帯に気を配る。

声だけが頼りである 電話は，互いの表情や身ぶりが分からず，声だけが頼りなので，特にはっきりした発音や感じのよい話し方を心がける。

☆ 電話のマナー

電話を利用するに当たっては，次のようなマナーを心得ておきます。

● 早朝，夜遅くの時間帯，忙しい時間帯は避ける。
　　会社の忙しい時間帯は，週始めの始業時刻近くや週末の終業時刻近くなど。月末は終日。
● 呼び出し音が鳴ったら，すぐに出る。
　　待たせたと思ったら（3コール以上），最初に「お待たせいたしました」と言う。
● 電話に出たら，まず名乗る。
　　明るい声ではっきり話す。
● 名乗った後は，簡単なあいさつをする。
　　「いつもお世話になっております」など。

大変お待たせいたしました。

●こちらからかけたときは，まず相手の都合を聞く。
　「ただ今，よろしいでしょうか」など。
●途中で切れたら，かけた方からかけ直すのがマナー。
　　ただし，相手が目上の人や立場が自分より上の人の場合は，こちらからかけ直す。
●用件を話し終えたら，あいさつをして静かに受話器を置く。

☆ 電話での話し方の注意点

　電話の伝達では，相手が聞き違いしないように，はっきり正確に発音することが重要です。次のような点に注意します。

●一つ一つの言葉がはっきり分かるように話す。
●聞き取りやすい，分かりやすい言葉を使う。
●よく似た，聞き分けにくい言葉に注意する。
●間違えやすい数字は次のように読む。
　　　4＝ヨン　7＝ナナ　9＝キュー
●同音異義語や発音の聞き取りにくい言葉は話した後に言い換える。
　　市立＝イチリツの方です。
　　私立＝ワタクシリツの方です。
●専門語，学術語，外国語など分かりにくい言葉は，なるべく避ける。

Let's Study! よく出る問題

■適当＝○か不適当＝×か考えてみよう。
□①取引先への電話で自分を名乗るときには「私は，営業部長の山田の秘書で，鈴木と申します」と言う。
□②間違い電話を取ったときは「番号をお確かめになってください。こちらは○○社と申します」と応対している。
解説：①取引先への電話で自分を名乗るのだから，上司のことは「営業部長の山田」，自分のことは，その「秘書で鈴木」ということになり，正しい名乗り方である。
解答＝○
②ビジネスマナーとしては，間違い電話であっても応対は丁寧にすることが大切である。この場合「～ください」は命令調に聞こえる。また，「～と申します」で言い切る話し方は感じがよくない。「こちらは○○社と申しますが，何番におかけでしょうか」などと丁寧に応対する。
解答＝×

これは 間違い！

かかってきた電話を受けるときは，相手が名乗るのを待ってから，自分の会社名を名乗り「いつも，お世話になっております」とあいさつしています。

間違いの理由

電話に出たら，まず名乗るのがマナーです。

第4章 マナー・接遇

■これだけは押さえておきたい■
Key フレーズ 「電話で用件を聞いたら必ずメモし, 復唱する」

電話で相手の用件を聞くときは, 必ず要点をメモするようにし, 最後に復唱して確認します。また, 相手からかかってきた電話に対してこちらの用件を話すときは, 相手の用件が済んでからにします。

☆ 秘書と電話

電話での会話は応対している相手だけでなく, 来客が聞いていることもあり, その対応の仕方ひとつで会社が評価されることもあります。電話の応対が多い秘書は, 常に適切な対応ができるよう心がけておく必要があります。

いつもお世話になっております

☆ 電話のかけ方の手順とポイント

電話をかけるときの手順とポイントは, 次の通りです。

① 電話をかける前の準備	●用件のタイトルと内容, 話の順番をメモする。 ●必要な資料, 書類を用意する。 ●相手の電話番号を確認する。
② 相手が出たら	●最初に, こちらの社名と名前を名乗る。 ●名乗ったら簡単なあいさつをする。 　「いつもお世話になっております」など。
③ 用件を告げる	●用件を表すタイトルを話し, 相手の都合を聞く。 　「○○の件についてお電話差し上げたのですが, ただ今よろしいでしょうか」など。 ●用件を要領よく話す。
④ 用件が済んだら	●あいさつをして静かに受話器を置く。 　「貴重なお時間を割いていただき, ありがとうございました。失礼いたします」など。

☆ 電話の受け方

電話で話を聞くときは，相手が伝えたいことを正確に聞き取るようにすることが最も重要なことです。記憶に頼らず，必ずメモを取り，最後に確認のための復唱をすることが習慣になるように心がけましょう。

◆メモの用意をする

電話の呼び出し音が鳴ったら，すぐメモ用紙と筆記具の用意をし，左手で受話器を取り，右手でメモする準備をします。

◆用件の聞き方

用件を聞くときは，次の点に留意します。

●5W3Hの要領でメモをする。

When＝いつ	Where＝どこで
Who＝誰が，誰に	What＝何を
Why＝なぜ	How＝どのようして
How much＝幾ら	How many＝幾つ

●聞き違い，聞き漏らしがないように，聞き終えたら要点を押さえて復唱する。

●受けた側にも用件があるときは，かけた側の用件が終わってからにする。

◆聞き取りにくいときの対応

相手の声が小さくてよく聞こえないときは，「お電話が遠いようですが」などと言って，相手に聞き取りにくいことを伝えます。

これは 間違い！

間違いの理由

初めて電話した会社なのに「いつもお世話になっております」と言われたので，「いえ，初めてですが」と話しました。

「いつもお世話になっております」は，あいさつの決まり文句なので，「こちらこそお世話になっております」と答えます。

上司にかかってきた電話を取り次ぐときは，相手の会社名・氏名・用件を聞いて取り次ぎますが，その際上司の在不在を告げてはいけません。何らかの理由で上司がその電話を受けないこともあるからです。

☆ 取り次ぎ電話をかけるときの要領

　秘書は，上司に代わって取引先に取り次ぎ電話をかけることが多いので，その要領を心得ておく必要があります。取り次ぎ電話の手順とポイントは以下の通りです。

◆上司の代理で先方を呼び出すとき
　相手の秘書か代行者を通して呼び出します。先方の秘書が取り次いでいる間に，自分も上司と代わります。秘書を通さず，直接相手の上司にかける場合は，呼び出し音が聞こえた時点ですぐ自分の上司と代わるようにします。

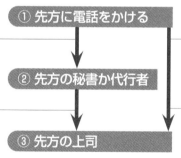

先方の上司への取り次ぎを頼む。

① 先方に電話をかける

呼び出し音がしたらすぐ上司に代わる。

② 先方の秘書か代行者

先方の秘書が取り次いでいる間に上司に代わる。

先方の上司が出たら「お呼び立ていたしまして申し訳ございません」と一言わびて，上司に代わる。

③ 先方の上司

◆交換手経由のとき
　相手の会社の交換手経由の場合，注意すべきことは交換手に伝言を頼まないということです。伝言は必ず相手の部署の代行者に頼みます。

◆本人が直接出たとき
　直接本人が電話口に出たときは「お呼び立ていたしまして申し訳ございません」などと一言わびるようにします。

お呼び立ていたしまして申し訳ございません。

◆相手が不在のとき

相手が不在の場合は後でかけ直すことを代行者に伝えます。代行者に伝言を頼む場合は，正確に伝わるように要点を整理して話します。最後に，改めてこちらの名前を告げ，伝言を頼んだ代行者の名前を聞いてメモしておきます。

私，○○の秘書の○○と申しますが，お差し支えなければ，おたく様のお名前をお聞かせいただけませんでしょうか。

☆ 取り次ぎ電話を受けるときの要領

上司にかかってきた電話を受けるときは，以下の要領で行います。

◆上司に取り次ぐとき

電話を受けたら「誰からか（会社名・氏名など）」，「用件は何か」を確かめて取り次ぎますが，電話に出るか出ないかは上司が判断します。上司の意向を確認するまでは，たとえ上司が在席していても，それを相手に伝えてはいけません。上司に相手の名前と用件を伝えた後は，上司の意向に従います。

◆上司が不在のとき

相手に上司の不在を伝え，どのようにするか相手の意向を聞くようにします。

伝言を頼まれたら用件をメモし，必ず要点を復唱して確認します。自分の所属・名前を告げ，電話を受けた責任を明確にすることも大切です。また，初めての人からの電話に対しては，用件を聞いた上で伝言の有無を確認し，相手の電話番号等を必ず聞いておきます。

上司が帰ったら，電話があったことや，伝言内容を伝えて処理を依頼するなど，責任を持って処理します。

Let's Study!
よく出る問題

■適当＝○か不適当＝×か考えてみよう。

□ 上司と面談中の取引先の部長宛てに電話があり，会社へ電話するようにとの伝言を頼まれたので，「急ぎかどうか」，「誰宛てに電話するのか」，「どのような用件か」を尋ねた。

解説：「急ぎかどうか」や「誰宛てに電話するのか」はよいが，「どのような用件か」は取り次ぐ際に不要なことである。またこのように，他社の内部事情に関することを聞くのは，失礼なことである。

解答＝×

第4章 マナー・接遇

1 難易度 ★☆☆☆☆ できないと キビシ〜!! 　　チェック欄 　

　次は秘書Ａが，電話応対のときに心がけていることである。中から<u>不適当</u>と思われるものを一つ選びなさい。

1) 上司が不在で伝言を受けたときは内容を復唱し，尋ねられなくても自分の名前を言うようにしている。
2) 朝のうちにかかってきた電話に出るときは，「おはようございます」と言ってから名乗るようにしている。
3) 相手が名乗ったが聞き取れなかったときは，すぐには確認せずに用件を聞いてから確認するようにしている。
4) すぐに電話に出られず呼び出し音が数回鳴ってから出るときは，まず「お待たせいたしました」と言うようにしている。
5) よくかかってくる人からの電話で声だけで相手が分かったとしても，相手が名乗ってから「○○様でいらっしゃいますね」と言うようにしている。

2 難易度 ★★☆☆☆ できないと アヤウイ! 　　チェック欄 　

　次は新人秘書Ａが，電話のかけ方として先輩から指導されたことである。中から<u>不適当</u>と思われるものを一つ選びなさい。

1) 電話をかける前に用件のポイントをメモしておき，それを見ながら話すとよい。
2) 用件を話し終えたら，間違って伝わっていると困るので復唱してもらった方がよい。
3) 電話を切るとき「失礼いたします」とお辞儀をしながら言えば，声の調子で丁寧さが伝わる。
4) まず自分を名乗ってから相手を呼んでもらうが，相手が出たらもう一度名乗らないといけない。
5) 時間がかかりそうな用件のときは，話す前にそのことを言って相手の了承を得てから話すとよい。

3　難易度 ★★☆☆☆　 できないと アヤウイ!　チェック欄

　秘書Aは新人Bが電話を取り次ぐとき，よく相手の名前を間違えるので注意することにした。このような場合どのようなことを言うのがよいか。次の中から<u>不適当</u>と思われるものを一つ選びなさい。

1）よく電話をかけてくる相手は，会社名と名前の組み合わせで覚えておくとよい。
2）相手が名前を言ったら必ずメモを取り，名前を復唱して間違えないようにすること。
3）相手の名前を聞き返してもはっきり分からないときは，どのような漢字かを併せて聞くとよい。
4）聞き取れたときでも確認のため，「もう一度お願いできますか」と二度言ってもらうようにするとよい。
5）相手の名前がはっきり聞き取れなかったときは，自分で判断せずに分かるまで聞き返すようにすること。

4　難易度 ★★★☆☆　 できて ひとまずホッ!!　チェック欄

　秘書Aの上司宛てに上司の知人から電話がかかってきた。上司は今週いっぱい出張していて，出社は月曜日の午前9時の予定である。このような場合，Aは電話の相手に何と言えばよいか。次の中から<u>不適当</u>と思われるものを一つ選びなさい。

1）「出張中で，月曜日の朝まで連絡がつきません」
2）「不在にしておりますが，月曜日には会社におります」
3）「出張しておりますが，来週の月曜日には戻っております」
4）「出張しておりまして，月曜日の9時には出社する予定です」
5）「今週いっぱい出張ですが，来週からは通常通りでございます」

第4章 マナー・接遇

5 難易度 ★★★☆☆ できて ひとまずホッ!!　　チェック欄 □

　次は，電話を間違えてかけたときや間違い電話を取ったときの対応である。中から**不適当**と思われるものを一つ選びなさい。

1）間違えてかけてしまったときは，「失礼いたしました」と言ってから切っている。
2）間違い電話を取ったときは，こちらの電話番号を言って，相手に確かめてもらっている。
3）間違えてかけてしまったときは，自分がかけた電話番号を相手に言って，確かめている。
4）間違い電話を取ったときは，黙って切るのではなく，「違います」とだけ言って切っている。
5）間違い電話がかかってきて，間違いと分かった相手がわびたときは，「どういたしまして」と言っている。

6 難易度 ★★★★☆ できたら拍手! 視界良好　　チェック欄 □

　営業部の兼務秘書Aが5時（終業時間）少し前に電話を取ると取引先へ外出中の部員Kからで，「今終わったところなので，このまま帰宅したい」と言う。Kのすぐ上の上司は係長である。このような場合，Aはこの電話にどう対応すればよいか。次の中から適当と思われるものを一つ選びなさい。

1）電話を保留にし，係長にKが言ったことをそのまま伝えて指示を仰ぐ。
2）承知したと言って電話を切り，Kが直帰することを部員全員に伝える。
3）承知したと言って電話を切り，Kが直帰することを係長にだけ伝える。
4）係長に代わると言って保留にし，係長にKから電話が入っていることを伝える。
5）承知したと言って，Kの机上に伝言メモなどがないか確認してこようかと尋ねる。

1=3）相手の名前が聞き取れなかったら，すぐ確認しないといけない。相手によって対応の仕方が異なる場合があるからである。従って，用件を聞いてから確認するなどは不適当ということになる。

2=2）復唱とは，相手が言ったことを確認のため繰り返して言うこと。用件を間違いなく伝えるには，自分が繰り返して念を押すなどしないといけない。相手に復唱してもらった方がよいというのは不適当である。

3=4）相手の名前を間違えないようにするには，4）以外の方法などがある。聞き取れたときの確認は，Bが復唱するのがよい。もう一度お願いするのは聞き取れなかったときなのに，確認のため二度言ってもらうなどは不適当ということである。

4=1）秘書であれば，上司が出張中でも連絡はつく。従って，連絡がつきませんと言うなどは不適当ということである。

5=4）ビジネスの場では，間違い電話であっても応答は丁寧にするのがマナー。それを「違います」とだけ言って切るのは，ぶっきらぼうで感じが悪く不適当ということである。

6=4）会社で社員の仕事の監督や勤怠の管理を行うのは直属の上司である。従って，仕事の報告とこのまま帰るという連絡は，係長に直接言わなければならない。また，明日の仕事について連絡の可能性もあるので，4）の対応が適当ということになる。

合否自己診断の目安

　正解率60%以上を合格の目安としてください。ここでは，6問出題したので，4問以上の正解でクリアです。

3　電話の応対	6問中　　問正解 ●正解率＝　　　　％

電話応対は，社会人として必要不可欠なもの，しっかり学習しておきましょう。
ここでは，難度の低いものから高いものまでバランスよく出題しました。「せっかく難問が正解できたのに，一番簡単な問題を取りこぼした!!」とならないように。

SECTION 4 接遇

Lesson 1 接遇の心構え

■これだけは押さえておきたい■
Key フレーズ 「接遇の鍵は『最大のサービスで最大の満足』」

接遇の目的は，来客に最大のサービスを提供して，最大の満足を得てもらい，来客との間に好ましい人間関係をつくることにあります。そのためには，形だけでなく，心を込めた誠実な接遇が求められます。

☆ 接遇の目的

接遇とは相手に満足を提供する行動のことです。そしてその目的は，来客に最良のサービスを提供して最大の満足を与え，好ましい人間関係を構築していくことです。毎日，多くの来客と接する秘書は，来客の要望が満たされるように，誰に対しても温かい思いやりをもって誠実に対応することが大切です。

誠実

☆ 接遇の心構え

接遇の心構えとして，以下のことを押さえておきます。

- **●誠意** 形だけではなく心を込めて接する。
- **●親切** 相手の気持ちを察し，思いやりをもって優しく応対する。
- **●丁寧** ほほ笑みを絶やさず，柔らかい言葉遣いや感じのよい態度を心がける。
- **●公平** 誰に対しても同じ気持ち，同じ態度で接する。来訪客は先着順，受付順に。
- **●正確** 「復唱」してミスのないように対応する。
- **●迅速** 相手を長く待たせない。待たせる場合は，理由を説明する。

Let's Study!
よく出る問題

■適当＝○か不適当＝×か考えてみよう。
□①話し方は来客の丁寧さに合わせるようにしている。
□②どのような場合も，物の受け渡しは両手で行うようにしている。
解説：①丁寧な話し方をする客に合わせるのはよいが，そうでない来客に合わせるようなことは不適当である。
解答＝×
②片手でできることも両手を使うと丁寧なしぐさになる。
解答＝○

接遇の心構えと目的の関係図

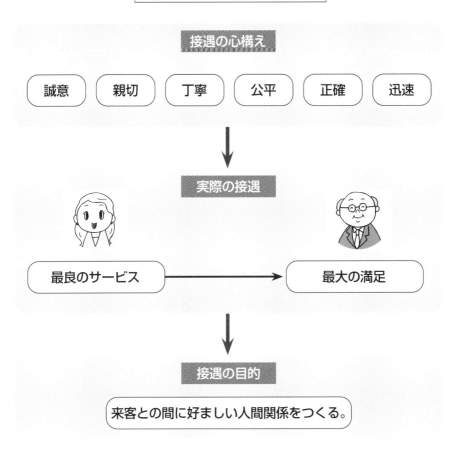

接遇の心構え

| 誠意 | 親切 | 丁寧 | 公平 | 正確 | 迅速 |

実際の接遇

最良のサービス ⟶ 最大の満足

接遇の目的

来客との間に好ましい人間関係をつくる。

これは 間違い！

いつも同じ時刻に来るお客さまには，その時刻にお茶をテーブルに置いて待つように，気を利かせています。

間違いの理由

お茶を出すのは，来客が席に落ち着いてからです。テーブルに置いてあったお茶を飲む気にはなりません。これでは，来客に失礼です。

アポイントメントと調整

「面会の予約を決定するのは上司である」

面会の申し込みを受けるのは秘書の仕事ですが，会うか会わないかを決定するのは上司です。勝手に予約を入れるのはもちろんのこと，上司のスケジュールを他言することも厳禁です。

☆ アポイントメントの申し込み

面会・商談の約束のことをアポイントメントといい，面会のための約束を取り付けることを「アポイント（メント）を取る」といいます。面会を望む客は，まずアポイントメントを取るために，秘書を通して申し込みをしますが，以下のように上司に直接話が来る場合もあります。

●客が手紙や電話で申し込む。

●客が来訪して申し込む。上司がその場で約束する場合もあるが，面談中・会議中や不在のときは秘書が受ける。

●客が上司と面談中に，次回の面会を申し込む。上司がその場で約束する場合もある。

●上司の部下，または上司の上役から，客との面会を依頼される。

アポイントメントの申し込み

Let's Study!
よく出る問題

■適当＝○か不適当＝×か考えてみよう。

□ 取引先から上司（K部長）に会いたいとの電話があったが，上司は会議中だったので，Kは会議中なので，後ほどかけ直してほしいとお願いした。

解説：取引先から上司への面会の申し込みである。上司が会議中であることをを伝えるのはよいが，相手に再度電話させるのは失礼で，秘書の仕事の仕方ではない。上司の都合を確かめて，こちらから電話するように話す。
解答＝×

これは 間違い！

間違いの理由

上司と親密な取引先から，明日の午後，上司に会いたいと電話があったので，午後3時以降なら空いていると返事をしておきました。

面会の約束を決定するのは上司です。このように話すと，相手は面会の約束をしたと判断してしまいます。この場合は，「上司の都合を聞いて返事する」と話します。また，安易に部外者に上司のスケジュールを教えてはいけません。

☆ 申し込みから面会までの秘書の仕事

　アポイントメントの申し込みは秘書が受け付けますが，それ以外のことを勝手に約束してはいけません。申し込みの受け付けから面会の取り次ぎまでの流れを理解し，その中で何をすべきかを把握しておきます。

◆申し込み受け付けから面会までの流れと秘書の役割

　申し込みの受け付けから，面会の取り次ぎまでは，以下のような流れになります。

　秘書は，アポイントメントの申し込みを受け付けるところから面会を取り次ぐところまで，各段階で関わります。次のポイントを押さえておきましょう。

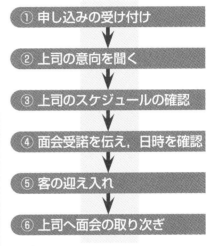

① 申し込みの受け付け

② 上司の意向を聞く

③ 上司のスケジュールの確認

④ 面会受諾を伝え，日時を確認

⑤ 客の迎え入れ

⑥ 上司へ面会の取り次ぎ

- ●申し込みの受け付けは秘書が行うが，面会の決定はどのような場合でも上司が行う。
- ●決定したら，面会受諾（じゅだく）を相手に伝え，日時を確認してスケジュール表に記入する。
- ●当日は，その日の面会予定を上司に確認するかたちで伝える。

☆ スケジュールの変更・調整

　スケジュールはいろいろな事情で変更したり，断らざるを得なくなることもあります。その場合は，以下の点に注意して適切に処理します。

- ●約束の日時を変更する必要が出てきたら，すぐ相手に連絡する。
- ●約束を守れなかったことをわびる。変更の理由は，本当の理由ではなく「急用」にする。
- ●相手の希望日時を二，三聞いて上司に報告し調整する。
- ●その場で双方の都合がつかない場合は，改めてこちらから連絡することを話す。

誠に申し訳
ございません

第4章 マナー・接遇

■これだけは押さえておきたい■
Key フレーズ 「『来客には公平に接する』が受付の原則」

アポイントメントがあってもなくても，来訪する人は全て「お客さま」として公平に扱います。服装など外見で判断してはいけません。また，新年のあいさつや新任・転任のあいさつはアポイントメントなしで来るのが通例です。

☆ 受付での応対

　受付は「会社の顔」とも言われています。受付での応対が感じがよいと，会社全体の印象がよくなります。いつでも気持ちよく来客を迎え入れることができるよう，秘書は明るい表情を常に心がけるようにします。受付での応対では以下のような点に留意します。

◆受付での来客応対の基本

　来客を確認したら立ち上がり，「いらっしゃいませ」と明るく笑顔で迎えて一礼します。用件は相手の目を見て前傾姿勢で聞き，用件を復唱してから案内します。

◆アポイントメントのある客への対応

　予約客に用件を確かめる必要はなく，「お待ちしておりました」の言葉を添えて迎えます。

○○様でいらっしゃいますね。お待ちしておりました。

Let's Study!
よく出る問題

■適当＝○か不適当＝×か考えてみよう。

□①昇格したと聞いていた取引先の人が訪ねてきたので，新しい名刺をもらえないかと頼んだ。

□②他部署を訪問する客だったので，内線電話で他部署に取り次いだ後，預かった名刺は返した。

□③名刺を忘れたという取引先の新担当者に，次は持ってきてくれるように言って上司に取り次いだ。

解説：①昇格して肩書が変わっていれば古い名刺と入れ替える必要がある。
解答＝○
②他部署を訪問する客の名刺は必要がない。
解答＝○
③忘れたら口頭で言ってもらえば分かる。次に持ってくるように言うのは不適当。
解答＝×

◆アポイントメントのない客への対応

　予約がない客であっても，丁寧に「いらっしゃいませ」とあいさつし，相手の会社名，名前などを確かめて用件を聞きます。

　相手に上司の在不在を聞かれても，上司がいることを話してはいけません。来客には「社内にいるかどうか調べてくる」ことを告げ，上司の意向を確かめます。

○○（上司）が社内におりますかどうか調べてまいります。少々お待ち願えますでしょうか。

◆受付での注意点

　受付では，以下の点に注意します。

●受付の優先順位	先着順が原則。顔見知りかどうかやアポイントメントのあるなしで受付の順序を変えたりしない。
●面会の優先順位	面会の取り次ぎは，基本的にアポイントメントのある客を優先する。
●来客への配慮	迅速に上司に連絡を取り，来客を待たせる時間を短くする。
●取り次ぎ責任	取り次ぐまでに時間がかかる場合は，待たせる時間の目安を伝えておく。勝手な憶測で返事をしない。

☆ 名刺の取り扱い

　来客に名刺を出されたら，両手で丁寧に受け，「○○会社の○○様でいらっしゃいますね」と会社名と名前を確認します。読み方が分からない場合は「大変失礼ですが，何とお読みするのでしょうか」などと尋ね，教わったら，「失礼いたしました」とわびの言葉を添えます。名刺は丁寧に扱い，取り次ぐ際に上司に渡します。

大変失礼ですが，何とお読みするのでしょうか。

第4章 マナー・接遇

4 来客取り次ぎのマナー

Key フレーズ 「上司の行き先は外部に漏らさないのが鉄則」

上司が不在の場合，来客には帰社予定時間などは告げますが，行き先は言ってはいけません。上司の行き先そのものが重要な情報になることがあり，外部に知れては困る場合もあるからです。

☆ 来客取り次ぎの基本

アポイントメント（面会予約）のある客は，すぐに案内します。約束がなく，取り次ぐべきかどうか迷う場合は，自分勝手な判断をせず，必ず上司に伝えて指示を仰ぎます。

アポイントメントなしに来訪する人も少なくありません。このような不意の来客にも迅速に対応するためには，上司の居場所を常に把握しておくことが大切です。また，上司が面会する場合を想定して，応接室の空き状況なども知っておく必要があります。

☆ 客が重なった場合の対応

上司が面談中に来客があった場合は，以下のように対応します。この対応は，上司が会議中あるいは打ち合わせ中，忙しい場合などにも共通する対応です。

- ●あいさつをして社名，名前，用件を確認する。
- ●来客に上司は面談中であると告げ，代理の者ではどうかと相手の意向を聞く。
- ●上司との面会を希望した場合は，「少々お待ちいただけますか」と椅子を勧め，面談中の上司にはメモで取り次ぐ。
- ●来客には「お待たせいたしました」などと言葉を添えて，上司の意向を伝える。
- ●来客を待たせる場合は，雑誌や新聞を勧めるなど気遣いを忘れない。

Let's **S**tudy!
よく出る問題

■適当＝〇か不適当＝×か考えてみよう。
□ 上司が面談中に，予約のない来客があったので相手と用件を確認した。直接上司との面会を望んだので，今面談中で1時間以上かかることを告げ，どのようにするか来客の意向を聞いた。

解説：来客の意向を聞く前に，上司に来客の件をメモで取り次ぎ，来客に上司の意向を伝えるようにしなければならない。

解答＝×

☆ 上司が不在のときの対応

　上司が外出中や出張中などで不在のときに来客があった場合は，次のような対応をします。

●**不在の理由と「出社予定日」，「帰社予定時間」を告げる。**
　　ただし，外出先や出張先などは話さず，単に「外出中」，「出張中」とだけ告げる。
　　「あいにく○○は，ただ今，外出中で○時に帰社予定になっていますが……」など。

●**会社名，名前，用件を聞き，代理の者ではどうか，伝言はないかなどを尋ねる。**

あいにく，○○は出張中で，○日に出社する予定でございますが……

☆ 面会を断る場合の対応

　上司が多忙で面会できないことが予想される場合は，「お目にかかる時間が取れないかもしれませんが」などと前置きして取り次ぎます。予想通り面会できない場合には，「わざわざお越しいただきましたのに，申し訳ございません」と希望に添えなかったことをわびます。相手が次の面会を望めば，上司に確認した上で予約を取るようにします。

　また，代行者に会ってもらったり，伝言を聞いておくなど，できる範囲の対応をします。

　なお，寄付や広告を求める客は担当の部署に回します。

☆ 紹介で来訪した客の取り次ぎ

　前もって連絡を受けている場合は，「お待ちしておりました」とあいさつします。客が持ってきた紹介状（名刺・手紙）は両手（または盆）で丁寧に受け，それを上司に渡して取り次ぎます。その際，紹介状を封筒から出して確認したり読んだりしてはいけません。

5 受付・取り次ぎの接遇用語

Key フレーズ 「外部に対して内部の者は皆呼び捨てが原則」

会社では上位の者に対して○○部長，○○課長などと呼びます。これは役職自体に尊敬の意が含まれているからですが，外部の人に対して内部の人間には敬語を用いないので，「部長の○○」か，「○○」と姓を呼び捨てにします。

☆ 接遇用語を使うときの心構え ＊マスターしたらチェックしよう

接遇にはそれなりにふさわしい言葉遣いというものがあります。また，接遇用語には以下のようなものがありますが，単に機械的に用いるのではなく，相手に対する気配りを忘れずに，誠意をもって話すよう心がけます。

また，お客さまと接するときは，常に笑顔で応対するとともに，お辞儀をしたり手を使うなど，さりげない身ぶりやしぐさで気持ちを表現することも大切なことです。

))))) **これは 間違い！**)))))

名前だけを言う来客には，「失礼ですが，会社名をおっしゃってください」と言うようにしています。

- □ いらっしゃいませ。
- □ ○○社の○○様でいらっしゃいますね。
- □ お待ち申し上げておりました。
- □ どのようなご用件でございましょうか。
- □ かしこまりました。
- □ 少々お待ちくださいませ。
- □ 大変お待たせいたしました。
- □ ○○はすぐに参ります。
- □ どうぞおかけくださいませ。
- □ 恐れ入りますが，○○が戻りますまで，少々お待ち願えませんでしょうか。
- □ （お忙しい中，遠い所を）わざわざおいでくださいましたのに，申し訳ございません。
- □ ご用件は確かに申し伝えます。

間違いの理由

「～してください」で終わると相手に命令しているように響きます。「会社名を教えていただけませんでしょっか」といったように来客に対してはより丁寧に話すようにします。

☆ 人や会社の呼び方

接遇のときに注意したいのが人や会社の呼び方です。間違いのないよう正しく使い分けましょう。

呼ぶ対象	呼び方
自分自身	私（わたくし）
自分の会社	当社，わたくしどもの会社
相手	あなた，あなた様 そちら，そちら様
相手の会社	御社，そちら様
話中の人物	あの方，あちら様
他の会社	○○会社様，○○銀行様

私どもで手配いたしますか，それともそちら様で手配していただけますでしょうか。

☆ 内部の者の呼び方の変化と外部の人の呼び方

外部と内部とでは人の呼び方も違ってきます。特に，役職の呼び方には気を付けましょう。

◆内部の者を「外部に対して言う」場合と「その人の家族に対して言う」場合

役職名は敬称になるので，外部に対しては部長の○○，あるいは単に○○と姓を呼び捨てにします。

ただしその人の家族や近親者などに対しては，尊敬語を用いて呼びます。例えば「部長は電話中」と言うときは，「部長（さん）はお電話中でございます」。役職名は敬称なので通常内部で呼ぶときに「部長さん」とは言いませんが，家族に対しては「部長さん」としても構いません。むしろ，その方が柔らかい印象を与え，より敬意を表すのでよいとされています。

◆内部の者を「内部で呼ぶ」場合

自分より上位の人には尊敬語を用いるので，（自分より上位の）役職者に対しては○○課長，○○係長と呼びます。

◆外部の人を呼ぶ場合

役職名は敬称になるので，相手の会社の役職者のことをその会社の人に話す場合は，○○部長，○○社長と呼びます。

■これだけは押さえておきたい■
Key フレーズ 「入り口から離れた席が上座となる」

　来客は上座の席に，接遇側は下座に座ります。秘書も同席する場合，席は下座になりますが，ふさがっているときは補助椅子に座ります。席が空いていたとしても秘書が上座に座ることはありません。

☆ 案内の手順とマナー

　来客の案内の手順とマナーは次の通りです。

① 案内を始める

「○○へご案内いたします」と言って先に立って案内する。

② エレベーターでは

「○階でございます」と乗る前に行き先を告げる。

④ 部屋に入ったら

「こちらへどうぞ」と言って，来客に上座の席を勧める。

③ 応接室に着いたら

「こちらでございます」と言ってノックし，ドアを開ける。

☆ 応接室のマナー

応接室に案内したら，来客に上座の席を勧め，コートや荷物を進んで受け取るなど，応接室でのマナーを心得ておきましょう。

◆席次（上座・下座）

上座とは上位の人が座る席，下座とは下位の人が座る席のことです。Ⓐはソファ（長椅子）席の場合の席次で，来客が二人のときは，接遇側は③④になります。①②が上座だからです。Ⓑは一人用の椅子の場合の席次ですが，来客が二人のときは，来客は①②になり，接遇側は③④になります。来客が三人のときは，①②③の順で，接遇側は④になります。

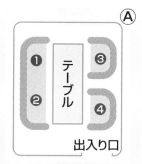

Ⓐ

ソファ席がある場合の席次。

◆コート・荷物などの取り扱い

コートや荷物など客の持ち物は，「こちらにお預かりしておきます」と言って秘書が進んで受け取るようにします。

◆環境整備

いつ来客があってもよいように，応接室やテーブルなどは日ごろから整理・整頓しておきます。また，来客が応接室に入った後は，「使用中」の表示をするのを忘れないようにします。

Ⓑ

ソファ席がない場合の席次。

第4章 マナー・接遇

これは 間違い！

応接室のドアが内開きなので，自分が中に入らずにドアを押さえていて，来客に先に入ってもらうようにしています。

間違いの理由

内開きの場合は，案内者が先に入ってドアを押さえ，来客を招き入れます。

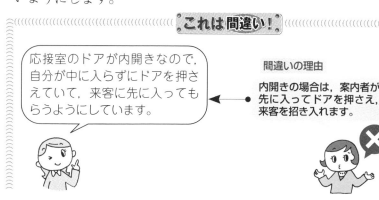

7 茶菓の接待と紹介のマナー

Key フレーズ 「お茶と菓子を出すときは，菓子を先に出す」

お茶を出す場合は，上座の上席から席次順に出します。菓子も出す場合は，来客から見て左側に菓子を出し，次に右側にお茶を出します。また，茶わんの柄が来客の正面になるように，木製の茶たくの木目が横に見えるように置きます。

☆ 茶菓接待のマナー

　応接室に通した来客に茶菓を出すときは，時間を置かずに出すようにします。

　来客にお茶を出していて，上司が来てから再びお茶を出す場合は，上司のお茶だけでなく来客のお茶も一緒に持って行き，最初に出してあった客のお茶は下げるようにします。

☆ お茶の出し方

| ① お茶を運ぶ | ●湯飲み茶わんと茶たくは別にして，盆に載せて運ぶ。 |

| ② 入室する | ●ノックして入室する。入ったら，その場で「いらっしゃいませ」または「失礼します」と言って一礼する。盆をテーブル（あればサイドテーブル）に置く。 |

③ 配る	●「どうぞ」と声をかけ，茶たくに茶わんを載せて上座の客から配る。菓子も出すときは菓子を先に出す。来客から見て左側に菓子，右側にお茶となるように置く。
	●各自の正面に湯飲み茶わんの模様が向くように置く。木製の茶たくは，木目が横になるように置く。
	●必ず布巾を用意しておく。万一こぼした場合は「失礼しました」とわびて，布巾で拭く。

| ④ 退出する | ●出し終わったら盆を脇に抱えて持ち，ドア付近で「失礼いたしました」と言って一礼し，退室する。 |

☆ 紹介のマナー

　来客を上司など関係者に引き合わせるときは，秘書が紹介役になるので，基本的な紹介のマナーを心得ておく必要があります。

◆紹介の順序の原則

　紹介時に迷うのは，どちらから先に紹介すべきかということですが，先に下位の者から紹介し，次に上位の者を紹介するのが原則です。

> ●秘書が来客と社内の者を紹介する場合は，社内の者を先に来客に紹介し，次に来客を社内の者に紹介する。
> 例）「こちらが常務の山田でございます」
> 　　「こちらは○○株式会社企画部長の○○様でいらっしゃいます」

こちらが
常務の山田で
ございます。

これは間違い！

お茶を出すとき，サイドテーブルがない場合は，まず茶たくを置いて，そこに茶わんを載せるようにしています。

間違いの理由

茶わんは茶たくに載せて出すのが礼儀です。

運転手がいる場合は，運転席の後ろの後部座席が最上席になり，助手席は最下位の席になります。しかし，オーナードライバー（車の所有者）が運転する場合は，助手席が最上席になり，後は順次席次が繰り下がっていきます。

☆ 見送りのマナー

　秘書が来客を見送る場合は，「失礼いたします」などの言葉を添えて一礼するのが基本です。自席で見送る場合，エレベーターまで行って見送る場合，外に出て車を見送る場合などケースごとのマナーを心得ておきます。

●自席で見送る場合は，立ち上がり一礼する。

●エレベーターでの見送りは，来客が乗るとき一礼し，ドアが閉まるまで待つ。

●車までの見送りは，一礼して車が走り去るまで待つ。

これは 間違い！

車まで見送るときは，車が走り出すのを待って帰るようにしています。

間違いの理由
車が見えなくなるまで見送るのが礼儀です。

☆ 乗り物の席次

以下のように，乗り物にも席次があることを心得ておきます。

◆運転手付きの車の席次

運転手がいる場合は，①運転手の後ろの席，②助手席の後ろの席，③助手席の順。ただし，後部座席に中央席がある場合は，そこが③の席次になり，助手席は④になります。

運転手がいる場合の席次。

運転手がいて中央席がある場合の席次。

◆オーナードライバーの車の席次

車の持ち主（オーナードライバー）が運転する場合は，①助手席，②運転席の後ろの席，③助手席の後ろの席，④後部座席の中央席の順になります。

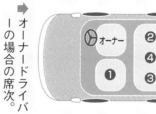

オーナードライバーの場合の席次。

◆列車の席次

4席が2席ずつ対面する場合は，①進行方向の窓側席，②進行方向を背にした窓側席，③進行方向の通路側，④進行方向を背にした通路側の順になります。

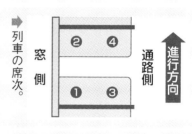

列車の席次。

◆飛行機の席次

飛行機は，3席の場合は，①窓側の席，②通路側の席，③中央の席の順になります。

飛行機の席次。

第4章 マナー・接遇

実問題で 合否 自己診断

④ 接遇 ....

目指せ全問クリア!!

---

1 難易度 ★☆☆☆☆ できないと キビシ〜!!　　　　　チェック欄 □

　次は秘書Aが，上司を訪ねてきた予約客を応接室に案内するとき順に行った
ことである。中から<u>不適当</u>と思われるものを一つ選びなさい。

1）応接室の前で「空室」の表示を確認して，「こちらでございます」と言って
　　立ち止まり，ノックをせずにドアを開けた。
2）ドアは外開きなので，開けたときそのままノブを持って「どうぞ」と言い，
　　客に先に入ってもらった。
3）客に「こちらで少々お待ちくださいませ」と言って，ソファを勧めて座って
　　もらった。
4）応接室を退出するとき，ドアの前で客の方を向いて軽く会釈をしてから室外
　　に出た。
5）応接室の表示を「使用中」にして戻り，上司に客を応接室に案内したことを
　　伝えた。

---

2 難易度 ★☆☆☆☆ できないと キビシ〜!!　　　　　チェック欄 □

　秘書Aは先輩から，応接室にお茶を運ぶように言われた。応接室には上司（部
長）と課長，来客二人（取引先の部長と課長）が下の図のように座っている。
この場合，どの順番にお茶を出すのがよいか。次の中から適当と思われるもの
を一つ選びなさい。

1）C→A→D→B
2）C→D→A→B
3）A→B→C→D
4）B→A→C→D
5）C→D→B→A

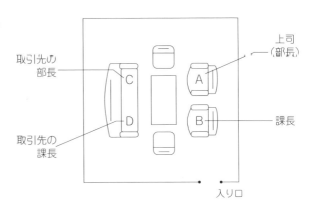

3 難易度 ★★☆☆☆ できないと アヤウイ!　　チェック欄

　次は新人秘書Ａが受付で行っていることである。中から不適当と思われるものを一つ選びなさい。

1）予約客には「お待ちいたしておりました。ご案内いたします」と言って，応接室に案内している。
2）来客に待ってもらうときは「申し訳ございません」と謝って，おおよその待ち時間を伝えている。
3）不意の来客には，上司が在席しているとは言わずに待ってもらい，どうするか上司に確かめている。
4）以前来社したことのある客でもＡが初めて応対する場合は，初対面だと言って名刺を預かっている。
5）来客の姿が見えたらすぐに立ち上がり，近くまで来たら「いらっしゃいませ」と言ってお辞儀をしている。

4 難易度 ★★☆☆☆ できないと アヤウイ!　　チェック欄

　次は秘書Ａの，受付で来客から名刺を出されたときの受け取り方である。中から不適当と思われるものを一つ選びなさい。

1）受け取るときは，相手の顔を見て「お預かりします」と言っている。
2）手の位置は胸の高さで，やや前かがみの姿勢で受け取っている。
3）相手の名前などを指で押さえることのないようにしている。
4）受け取ったら予約客であっても，会社名と名前の他に肩書を声に出して確認している。
5）名前などの読み方が分からないときは，「どのようにお読みするのでしょうか」と尋ねている。

第4章 マナー・接遇

次は秘書Aが，来客へのお茶の出し方として先輩から教えられたことである。中から<u>不適当</u>と思われるものを一つ選びなさい。

1) お茶を運ぶときは，忘れずに布巾も持っていくこと。
2) 茶わんと茶たくは別々にお盆に載せ，こぼさないように気を付けて運ぶこと。
3) 応接室ではサイドテーブルにお盆をいったん置くこと。
4) そのとき茶わんの糸底[*]がぬれていないか確かめて，ぬれていたら布巾で拭くこと。
5) お茶を出すときは片方の手でお盆を持ち，もう片方の手で茶たくの縁を持って静かに出すこと。

　　＊「糸底」とは，茶わんの底の部分のこと。糸じりともいう。

　次は秘書Aが，不意の来客から用件を聞いている絵だが，それを見ていた係長が困った表情をしている。①それはなぜか。また，②Aはどのようにすればよいかを答えなさい。

1＝1）表示が「空室」であっても中に人がいる場合があるから，ドアを開ける前にノックをするのが入室のマナー。従って，ノックをせずにドアを開けたのは不適当ということである。

2＝2）応接室でお茶を出す順番は，まず来客から。来客が複数の場合は，職位の高い人からになる。次に内部の人に出すが，この場合も職位の高い人からになるということである。

3＝4）この場合，客はAを訪ねてきたわけではないので，初対面だと言って名刺を預かるのは不適当ということである。

4＝4）受付で名刺を受け取ったら，予約客であっても会社名と名前を声に出して確認するのはよい。が，確認はそれで十分で，肩書を声に出して確認するなどは不適当ということである。

5＝5）お茶を出すときはサイドテーブルにお盆を置き，そこで茶わんと茶たくをセットしてから両手で茶たくを持って出すのがよい。片方の手でお盆を持って出すなどは，礼儀にかなっていなくて不適当ということである。

6＝【解答例】①　棒立ちで来客の用件を聞いているから。
　②　手は前できちんと組み，前傾姿勢で応対しないといけない。

合否自己診断の目安

　正解率60％以上を合格の目安としてください。ここでは，6問出題したので，4問以上の正解でクリアです。

4　接遇	6問中　　　問正解　●正解率＝　　　　％

選択肢を選ぶ設問では，「適当」なものを選ぶのと，「不適当」なものを選ぶものとがあります。前の問題で「不適当」なものを選ぶように指示されていたら，うっかり次の設問も「不適当」なものと思い込んで失敗してしまう人が少なくありません。問題をよく読み，設問の横などに「適当」な場合には「○」，不適当な場合は「×」を付けておくと，勘違いを防ぐことができます。

SECTION 5 交際

■これだけは押さえておきたい■
Key フレーズ 「結婚式の受付の手伝いはやや改まった服装で」

秘書は，上司の子息の結婚式などで受付を手伝うこともあります。そういうときの服装は，招待客ではないのでやや改まった服装にします。また，会社の行事で受付をする場合は，受付をする他の社員と同じ服装にします。

☆ 慶事のいろいろ

慶事には次のようなものがあります。

●昇進・栄転・就任*　取引関係者に対しては，祝電を打ったり歓送迎会を開くなどする。

●受章・受賞　受章とは国からの勲章*や褒章*を受けること。受賞は，団体などから賞を受けること。親しい間柄であれば，上司が直接電話したり，祝電，祝い状を出す。

●賀寿　賀寿とは長寿の祝い。古希（70歳），喜寿（77歳）などの祝いがある。

●祝賀行事　開店祝いや落成式*，○○周年祝賀行事などがある。招待状が来たときは指定の期日までに出欠の返事をする。出席の場合は祝儀*を準備する。

●結婚　祝電を打つ，披露宴に出席する（招待された場合）お祝いの品を贈る，などする。仲人*をしている場合や特に親しい場合であれば，結婚式にも出席する。

用語 Check

【昇進・栄転・就任】　昇進は上位の役職に就くこと。栄転は，上位の職務や職場に移ること。就任はある役職に就くこと。
【勲章】　文化勲章，瑞宝章，宝冠章，旭日章，菊花章などがある。
【褒章】　紅綬褒章，緑綬褒章，黄綬褒章，紫綬褒章，紺綬褒章などがある。
【落成式】　建物などが完成したことを祝う式典。
【祝儀】　祝い事のときに贈る金品。
【仲人】　結婚の仲立ちをする人。

☆ 慶事に対する秘書の対応

　秘書は，新聞記事や関係会社の秘書などから情報を得ます。慶事を知ったら上司にすぐに知らせ，上司の指示を仰ぎます。

◆上司との打ち合わせ

　秘書が勝手な判断をしてはいけません。慶事に対してどのようにするか上司の意向を聞き，対応について打ち合わせをします。秘書は，上司の仕事に影響が出ないように，できる限りの補佐をすることになります。

◆慶事への出席

　通常，慶事には上司が直接出席しますが，場合によっては秘書が上司の代理として出席したり，あるいは受付などの手伝いとして出席することもあります。いざというとき困らぬよう慶事に関する最低限のマナーは心得ておく必要があります。

◆自社の祝賀式

　会社の記念パーティーなど，自社で祝賀会をするときには，秘書は受付などの仕事をします。

礼服に準じた服装

⬆ 上司の代理として結婚式に出席する場合の服装の例。胸には花を飾る程度。

第4章 マナー・接遇

──── これは 間違い！ ────

上司の代理として結婚式に出席するときは，未婚なので振り袖を着ていこうと思っています。

間違いの理由

招待客とは違うので，礼服に準じた服装を着用します。振り袖などは不適切。場合によっては，帰社して仕事ということもあります。

❌

■これだけは押さえておきたい■
Key フレーズ 「西洋料理では，着席も退席も椅子の左側から」

西洋料理では，着席も退席も左側からするのがマナーです。ナイフやフォークは外側から順に使っていきます。中座するとき，また食事を休むときには，ナイフとフォークを八の字形に，終わったときはそろえて右上寄りに置きます。

☆ 西洋料理のマナー

西洋料理の場合，食事中に音を立てないようにすることが，最低限のテーブルマナーとされています。スープは音がしないように飲み，ナイフやフォークを使うときは食器の音を立てないように気を付けなければいけません。この他，以下のことに留意します。

●着席	席に着くときは，椅子の左側から入る。深く腰かけ，テーブルとの間隔は握りこぶし一つくらいに。
●ナプキン	料理が運ばれる直前に広げ，二つ折りにして膝の上に置く。中座するときは椅子の上に置き，食事が終了したら，テーブルの上に軽く畳んで置く。
●ナイフ・フォーク	テーブルにセットされているので，外側から順に使う。食事を休むときは皿の縁に八の字にかけて置き，食事が終了したらナイフの刃を内側にしてフォークとそろえ，皿の右寄りに置く。
●スープ	音を立てないように飲む。左手を皿に添え，手前から向こう側にすくう。残り少なくなったら左手で皿を傾けてすくう。

これは間違い！

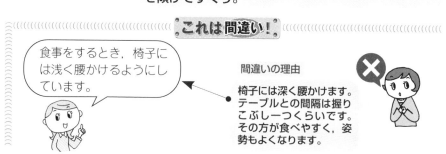

食事をするとき，椅子には浅く腰かけるようにしています。

間違いの理由

椅子には深く腰かけます。テーブルとの間隔は握りこぶし一つくらいです。その方が食べやすく，姿勢もよくなります。

●パン	一口分を手でちぎり，バターや料理のソースを付けて食べる。
●魚料理	骨付きのものはまず表身を食べ，表身を食べ終えたら中骨や頭を皿の向こう側に移し，裏身を食べる。
●肉料理	左端から一口分ずつ切り分けて食べる。骨付きの鶏肉などは骨に沿ってナイフを入れ，骨を外してから食べる。
●デザート	果物，アイスクリーム，コーヒーなどは，デザート用ナイフやスプーンを用いて食べる。
●退席	静かに椅子を引いて，左側から退席する。

☆ 中国料理・日本料理のマナー

中国料理や日本料理では，箸の使い方に注意します。握り箸や迷い箸などの不作法なことはしないようにします。

◆中国料理

これといって難しいマナーはありません。料理を盛った大皿には取り箸やスプーンが添えてあるので，それで小皿に取り分けて食べます。温かい料理は冷めないうちに，また取り分けた料理は残さず食べるようにします。

料理は，前菜，肉，魚，鳥などの料理の後，スープにご飯かお粥，次いで甘い菓子などの点心が出され，最後にお茶が出ます。

◆日本料理

本膳料理*の献立は，小付け，椀，口代わり，焼物，煮物，揚物，汁椀，飯，香の物，果物などがありますが，これらが組み合わされて，本膳（一の膳），二の膳，三の膳などとして出されます。

■適当＝○か不適当＝×か考えてみよう。
□　ふた付きの茶わんで日本茶を飲むとき，ふたは茶たくの上にふたのつまみを下にして置くのがマナーである。
解説：茶わんのふたを取って置くときは，まず，ふたに付いている滴を茶わんの中へ切り，ふたは内側を上にして（つまみを下）茶たくの近くに置く。置く位置は，茶たくのやや右上が一般的である。
解答＝×

第4章 マナー・接遇

用語Check　【本膳料理】　本膳料理は室町時代に武家の礼法とともに確立したもので，江戸時代に内容や形式が整えられ，日本料理の正式な膳立てになっている。

■これだけは押さえておきたい■
Key フレーズ

「告別式では喪主へのあいさつは不要」

　葬儀や告別式では，喪主は取り込み中のことが多いので，あいさつする必要はありません。帰るときも同じです。また，遺族には「お悔やみ申し上げます」などとあいさつします。遺族との長話は慎みます。

☆ 弔事の基本知識

　慶事と違い，多くの場合突然やってくるのが弔事*です。それだけに，弔事には迅速，適切に対応することが求められます。仏式弔事は，通夜，葬儀・告別式と執り行われ，また日を改めて法要が営まれます。

◆通夜

　訃報が入ったら，故人*との関係が深かった場合にはなるべく早めにお悔やみに行き，通夜に参列します。

◆葬儀・告別式

　葬儀には，仏式，神式，キリスト教式，無宗教式などがあります。生前，故人との交流がさほど深くなかった場合は，告別式だけに参列します。葬儀・告別式に関しては以下のようなことを心得ておきます。

- ●仏式と神式では，葬儀の後，故人との最後のあいさつをする告別式に移る。
- ●供物は祭壇に供えるものなので，通夜または葬儀に間に合うように届ける。
- ●香典は告別式が終了するまでに渡す。一般的には受付で渡し記帳する。上司の代理で来たときは，上司の名前で記帳し，その下に（代）と書く。
- ●参列できないときは弔電を打つ。

Let's Study! よく出る問題

■適当＝〇か不適当＝×か考えてみよう。

- □①弔事に和服で行く場合，女性は留め袖の黒地のものにする。
- □②死亡した人の家族のことを親族という。
- □③会葬とは会社で費用を負担して行う葬儀のことをいう。
- □④上司が告別式に参列するので黒のネクタイと白のポケットチーフを準備した。

解説：①留め袖は，既婚女性の祝儀用の礼装着物である。
解答＝×
②死亡した人の家族は，遺族という。
解答＝×
③会葬とは葬式に参列すること。
解答＝×
④弔事に白のポケットチーフは着けない。着けるのであれば黒。
解答＝×

【弔事】　死去・葬儀などの弔い事。
【故人】　死去した人。

◆法要

　仏式では，日を改めて故人の冥福を祈る法事を営みます。生前，世話になった故人の法要には参列します。仏式では，忌明けの七七日（しちしちにち）（死去した日を含めて49日目）に盛大に行い，年忌としては，1年後の一周忌，2年後の三回忌などがあります。

☆ 弔事のマナー

　通夜，葬儀・告別式に参列する場合は，以下のようなマナーを心得ておく必要があります。

服　装	●通夜では，男性はダークスーツと黒ネクタイ。女性は黒やグレーなどのワンピースやスーツが一般的。
	●葬儀では，男性はモーニングか黒のスーツ，黒ネクタイと白のワイシャツ。女性は喪服でパール以外は光るものを着けない。ハンドバッグや靴も黒。
あいさつ	●遺族に対しては，「お悔やみ申し上げます」，「ご愁傷様（しゅうしょう）でございます」など。
焼香 （仏式）	● ①焼香台に進む，②遺族（霊前向かって右）に一礼し正面を向く，③抹香（まっこう）をつまみ目の高さに押しいただいてから香炉にくべる，④遺影に合掌（がっしょう）。遺族に一礼して戻る。
玉串奉奠（たまぐしほうてん） （神式）	● ①玉串を神官から受ける（根元を右手，葉を左手で），②時計の針の方向に回し，玉串案（あん）（台）に載（の）せる，③二礼二拍手（音を立てない）一礼し，遺族・神官に一礼して戻る。
献花 （キリスト教）	● ①花が右，茎が左に向くように花を一本受け取る，②茎を向こうにして，③献花（けんか）台に置いて一礼し戻る。

第4章 マナー・接遇

献花の仕方

🌸 花が右，茎が左に向くように受け取る。

🌸 右回りに，花を手前に，茎を向こうに。

🌸 献花台に置き，一礼する。

4 弔事への対応

Key フレーズ 「宗教が不明なときは上書きを『御霊前』にする」

何らかの不都合で葬儀の形式が分からない場合は,香典の上書きを「御霊前」とします。御霊前は,仏教,神道,キリスト教などの宗教にも通用する上書きだからです。

☆ 情報収集と対応

関係者の訃報を知ったら,秘書は迅速に情報を集め,すぐに上司に報告します。

◆情報収集

秘書が集める情報とは,次のようなものです。

- ●逝去(せいきょ)の日時。
- ●逝去の経緯と死因。
- ●葬儀の形式(仏式か神式か,宗教など)。
- ●通夜,葬儀・告別式の日時と場所。
- ●喪主の氏名(故人との関係),住所,電話番号。

◆対応への指示を受ける

上司に報告したら,どのように対応するか指示を受けます。確認すべきことは以下のようなことです。

- ●通夜,葬儀・告別式のどれに参列するのか。
- ●上司が直接参列するのか代理の者か。代理の者を立てる場合には,すぐ連絡する。上司が直接参列する場合は,スケジュール表に書き込む。
- ●香典をいくら包むか。社内規定や前例などを調べておく。
- ●弔電を打つ場合は誰の名前で打つか。役職などの肩書はどうするか。
- ●供花,供物を届ける場合の予算はいくらか。喪主が辞退する場合も多いので確認しておく。

Let's Study!
よく出る問題

■適当=○か不適当=×か考えてみよう。
(上司から弔電を打つよう指示されたので,上司に確認したこと)
□①弔電の宛先(住所・氏名)。
□②電文は電報文例の中のものでもよいか。
□③今すぐ打った方がよいか。

解説:弔電を打つ場合に必要なことは,喪主の氏名と住所(弔電を打つ宛先),喪主と亡くなった人との関係,電文の内容,発信人名や肩書,弔電を入れる台紙の種類などである。また,弔電はできるだけ早く打つというのが常識なので,上司に確認するようなことではない。

解答①=○,②=○,③=×

☆ 香典と供花・供物の手配

　香典や供花・供物は秘書が手配することになります。以下のような
ことに留意して，遅れがないようにしなければなりません。

◆香典の手配と上書き

　香典は参列に出かける前に用意します。なお，上書き(うわが)は以下のよう
に宗教によって異なりますが，不明な場合は「御霊前」とします。

●仏教	御香典，御香料，御霊前。
●神道	御榊料(おさかき)，御玉串料(おんたまぐし)，御霊前。
●キリスト教	御花料，御霊前。

👉 連名のときは目上
の人を右から順に。

👉 社名や肩書は氏名
の右側に。

◆供花・供物

　供物は祭壇に供えるものなので，通夜に間に
合うように手配します。また，宗教によって異
なるので注意します。

●仏教	生花・花輪・果物・茶など。
●神道	果物・酒・魚・榊など。
●キリスト教	白系統の生花など。

第4章 マナー・接遇

5 贈答のしきたり

Key フレーズ 「お中元は7月15日までに届くようにする」

地域によって違いますが（関西は一月遅れ），お中元は7月初旬から7月15日までに贈ります。何らかの理由でそれを過ぎてしまった場合は，立秋までは暑中見舞い，立秋を過ぎたら残暑見舞いとして贈ります。

☆ 贈答の基本

　贈答品の選択に当たっては，まず上司の意向を確認しますが，相談を受けたら，相手先との関係，贈答の理由などを考慮して，趣旨にかなった品物を提案します。品物よりも，現金やギフト券などが喜ばれる場合もあります。

☆ 祝い事

　慶事（祝い事）の情報を得たら，できるだけ早くお祝いの金品を贈るようにします。また，「転任祝いは出発間際を避けて贈る」，「出産祝いは誕生後1カ月以内に贈る」といった個々の慶事に対する配慮が必要です。主な祝い事と贈答に関する留意点は以下の通りです。

◆結婚

　品物は先方の希望を聞いて決めるようにし，持参するときは，吉日を選びます。先方からのお返しは，披露宴の引き出物になります。なお，式に出席しない場合の祝い金は，出席するときの半額程度が目安となります。

◆記念式・落成式（らくせい）

　贈る品物としては，酒・時計・調度品が一般的です。こちらが受けたときのお返しとしては，記念品を用意します。

◆賀寿（がじゅ）

　賀寿とは長寿の祝いのことです。還暦（かんれき）（満60歳），古希（こき）（70歳），喜寿（きじゅ）（77歳），傘寿（さんじゅ）（80歳），米寿（べいじゅ）（88歳），卒寿（そつじゅ）（90歳），白寿（はくじゅ）（99歳）の祝いがあります。品物としては，その人の趣味に合うものを選びます。お返しとしては，特別注文した陶器などがあります。

☆ 季節の贈答と病気見舞い

季節の贈答として恒例となっているのが，お中元とお歳暮です。

また，関係者が病気や事故で入院したときには病気見舞いをします。

◆お中元

7月初旬から7月15日までに贈ります。腐りやすいものは避け，そうめんやジュース，ビールなど清涼感のある品物を選びます。

◆お歳暮

12月初旬から12月20日ごろまでに贈ります。酒類や缶詰類が一般的ですが，お中元よりも重視されます。

◆病気見舞い

現金が喜ばれます。品物を選ぶ場合は，相手の容体に配慮する必要があります。見舞い品としては花が一般的ですが，鉢植えの花は避けるのが常識です。なお，病院に見舞うときは面会時間を必ず確認するようにします。事前に連絡する必要はありませんが，長居は禁物です。

また，病気見舞いのお返しには，礼状を添えます。

これは 間違い！

出張先で大変世話になったので，お礼に何か送ってほしいと上司に言われました。その人の好みが分からないので，何がよいか先方に聞こうと思っています。

間違いの理由

結婚式などは，同じものが重なってしまうことがあるので，先方に希望を聞いた方がよいとされていますが，このようなケースでは希望の品を尋ねたりはしません。相手の好みそうなものを上司に相談するのがよいでしょう。

Let's Study!
よく出る問題

■適当＝○か不適当＝×か考えてみよう。

□①上司が入院見舞いに行く際，適当なものを準備するようにと言われたので，鉢植えの花や話題になっている健康食品はどうかと提案した。

□②上司の知人が上京するとき，土産を渡したいから用意してもらいたいと指示されたので，予算，希望する品と上書き，添え状について確認した。

解説：①入院している人への見舞いに鉢植えの花はよくないとされている。鉢植えの花は，根が付いているので，そこから「根付く（定着する）＝入院が長引く」，「寝付く（病気になって床に付く）」などの言葉が連想され，好ましくないというのが理由になっている。また，健康食品は特別な成分を加えたもので，病気によっては差し支えがあるので，不適当である。
解答＝×

②添え状とは，品物を贈るときに添える手紙のことで，あいさつ，案内，送付通知などの性格を持つものである。上京してくる知人に土産を手渡しするのに，添え状は不要である。
解答＝×

第4章 マナー・接遇

1 難易度 ★☆☆☆☆ 😣 できないと キビシ〜!! チェック欄

　次は，告別式に参列するときの作法や服装などについて，一般的なことを述べたものである。中から<u>不適当</u>と思われるものを一つ選びなさい。

1) 不祝儀袋は[＊]ふくさに包んで持っていくのがよい。
2) 洋服で参列するときも，アクセサリーは着けない方がよい。
3) 知っている人に出会っても，あいさつは黙礼程度にしておくのがよい。
4) 焼香は故人の冥福を祈るためにするものだから，回数はなるべく多い方がよい。
5) 焼香の後，都合が悪ければ出棺は見送らずに帰ってもよい。
　　＊「ふくさ」とは，小さな風呂敷のこと。

2 難易度 ★★☆☆☆ 😔 できないと アヤウイ! チェック欄

　秘書Aは上司から，「けがで入院した友人の見舞いに行くので，適当な品を用意してもらいたい」と言われた。このような場合，どのような品がよいか。次の中から<u>不適当</u>と思われるものを一つ選びなさい。

1) 菓子折り
2) ギフト券
3) 鉢植えの花
4) 図書カード
5) 果物の盛り籠

3 難易度 ★★★☆☆ できて ひとまずホッ!!　　　　チェック欄

　秘書Aは上司から，「そろそろ中元の時期だが，取引先のW氏にも何か贈っておいてもらいたい」と言われた。次はこのときAが上司に確認のために言ったことである。中から適当と思われるものを一つ選びなさい。

1）送り先は会社でよいか。
2）上書きは「御礼」でよいか。
3）いつごろ手配をすればよいか。
4）W氏に希望の品を聞いた方がよいか。
5）受け取りの日時をW氏に確認した方がよいか。

4 難易度 ★★★☆☆ できて ひとまずホッ!!　　　　チェック欄

　秘書Aは上司（営業部長）から，既に退職しているDの結婚披露宴会場に，祝電を打っておいてもらいたいと指示された。次はそのとき，Aが上司に確認したことである。中から<u>不適当</u>と思われるものを一つ選びなさい。

1）披露宴の日時と会場。
2）差出人はどのようにするか。
3）台紙は自分が選んでよいか。
4）いつごろ手配するのがよいか。
5）電文は一般的なものでよいか。

1＝4）焼香は故人の冥福を祈るためにするというのはその通りだが，回数は宗派による作法で決められているもの。また焼香待ちで列ができるような場合は，1回で済ますのが気遣いという考え方もある。従って，なるべく多い方がよいなどは不適当ということである。

2＝3）鉢植えの花は，根が付いていることから「寝付く（入院が長引く）」「根付く（入院が定着する）」などの言葉が連想されるので，入院の見舞いには適さないとされている。

3＝1）中元の送り先は，その人との関係や事情によっては自宅に送ることもある。この場合は，何か贈ってほしいということでＡは事情が分からないのだから，会社でよいかの確認は必要ということである。

4＝4）祝電（電報）は配達日を指定できるから，早めに手配しても差し支えないもの。従って，いつごろ手配するかなどは，確認することではないので不適当である。

合否自己診断の目安

　正解率60％以上を合格の目安としてください。ここでは，4問出題したので，3問以上の正解でクリアです。

　ただし，「第4章　マナー・接遇」全体では，合計28問なので，17問以上の正解でクリアとなります。

5　交際	4問中 □ 問正解	●正解率＝ □ ％

- -

第4章　マナー・接遇（計）	28問中 □ 問正解	●正解率＝ □ ％

さて，「第4章　マナー・接遇」が終了しました。成績はどうでしたか？　何問正解したかも重要ですが，苦手な部分はどこなのかをチェックしておくことも大切ですよ。
次は，最終章の「技能」へ挑戦です。気を引き締めて取り組んでください。

第5章

技　能

SECTION 1 会議と秘書

Lesson 1 会議の目的と種類

■これだけは押さえておきたい■
Key フレーズ「アイデア会議で用いられるのはブレスト」

アイデア会議でよく用いられる手法がブレーンストーミング，略してブレストです。ユニークな発想や他人のアイデアに便乗した発想など，参加者が自由にアイデアを出し合うもので，他人のアイデアを批判しないなどのルールがあります。

☆ 会議の目的と秘書の役割

上司は会社内外を問わず多くの会議に出席します。秘書は，そうした上司を補佐するために，会議についての知識も身に付けておく必要があります。

◆会議と秘書の役割

上司はメンバーとして会議に出席するだけでなく，自ら会議を主催することも多く，上司の仕事の大半が会議といっても過言ではありません。秘書は，そうした上司の負担をできるだけ軽くするために，会場の設営やさまざまな準備，会議中の電話・来客応対，会議の後始末などを行います。

◆会議の目的

会議を開く目的は主に以下の五つです。

> **Let's Study!**
> **よく出る問題**
>
> ■適当＝〇か不適当＝×か考えてみよう。
> □ 会議の内容を記録した文書を備忘録という。
> 解説：会議の内容を記録した文書は議事録である。備忘録とは，忘れたときの用心のために書いておく文書のことをいう。
> 解答＝×

●情報の伝達　●情報の交換　●相互啓発　　●意思決定　　●アイデアの収集

伝↓達

交換

相互啓発

意思決定

アイデア収集

◆会議の種類

　会議の種類には以下のものがあります。

●説明会議	リーダーや担当者が持っている情報を参加者に伝達することが目的。原則的には議論は行われない。
●研究会議	参加者同士の情報交換，および相互啓発が目的。
●問題解決会議	意思決定をすることが目的。話し合いが主体である。
●研修会議	リーダーの情報の伝達と参加者同士の相互啓発が目的。ビジネスでは管理職研修などで行われる。
●アイデア会議	ブレストなどを行い，アイデアを収集することが目的の会議。

☆ 株式会社の重要会議

　株式会社を運営するための重要な会議は，株主総会，取締役会，常務会です。

◆株主総会

　株主で構成される会議で，会社法で年1回以上の開催が義務付けられています。会社運営上の基本事項を決める最高議決機関で，取締役や監査役の選任，定款の改廃，決算の承認などが議題となります。

◆取締役会

　法で定めた会議で，株主総会で選任された取締役全員で構成されます。経営計画や重要取引の決定など業務執行に関する会社の意思決定機関です。半数以上の取締役の出席で成立し，過半数の賛成で議案が可決されます。

◆常務会

　重役会議，あるいは最高経営会議などとも呼ばれ，一般的には社長，副社長，専務取締役，常務取締役など常勤取締役で構成されます。法で定められた会議ではありませんが，実質的に会社の方針を決定する会議です。

Let's Study!
よく出る問題

■適当＝○か不適当＝×か考えてみよう。（今回の定例部長会の当番になっている上司が会議から戻ってきたので確認した）
□①次回の会議はいつに決まったのか。
□②欠席した部長にはいつ資料を届けるか。
解説：①定例会議などは会議の最後に次回の開催日を決めることが多い。決まれば日程表に書き入れる必要があるので適切である。
解答＝○
②定例部長会の資料なのだから，欠席だった部長にはすぐに届けなければいけない。上司にいつ届けるかと尋ねるようなものではない。
解答＝×

第5章 技能

2 会議の準備① 計画・案内

■これだけは押さえておきたい■
Key フレーズ 「会議資料は事前に配布しておく」

会議に必要な資料は，できる限り通知状と一緒に送ります。参加者が事前に
ゆっくり目を通せるための配慮です。また，予備を用意しておき，会議に持っ
てくるのを忘れた人に受付で再配布できるようにします。

☆ 会議の予備知識

会議への対応は次の要素によって異なります。秘書は，以下のこと
を上司に確認して適切な準備をします。

- ●上司が主催するのか，メンバーとして出席するのか。
- ●社内での会議か，社外での会議か。
- ●定例会議か，臨時会議か。

☆ 上司がメンバーとして出席する会議の準備

上司がメンバーとして出席する場合，秘書は次のような手順で上司
の補佐をします。

① 出欠の確認
- ●上司に出席するかどうかを確認する。
- ●出席の場合は，スケジュールに組み込む。
- ●主催者側に，期日までに出欠の連絡をする。

② 各種手配
- ●会費や資料を手配する。
- ●会場までの交通手段を確認し必要な手配をする。

③ 再確認
- ●開催日前日に上司に確認する。

━━━━ これは 間違い！ ━━━━

会議に出席するオブ
ザーバーとは，正式
な参加者ではないが
特別に議決権を与え
られた人のことです。

間違いの理由

● オブザーバーとは，正
式な参加者ではなく，
発言権はあっても，採
決には加わらない人の
ことです。

☆ 上司が主催する会議の準備

　上司が主催する会議の場合は，下記の手順で準備します。なお，会場を選ぶ際には，収容人数，予算，所要時間，備品の有無，照明，冷暖房，換気などをチェックし，候補を絞っていきます。社外の会場の場合は特に交通の便も考慮します。

① 参加者の選定	●上司の指示を受け参加予定者をリストアップする。 ●上司にリストを見せて確認してもらう。
② 会場の選定	●広さや備品など目的に対応できる会場を選ぶ。 ●適切な会場候補を挙げ，上司の了解を得て予約する。
③ 資料の準備	●上司に準備すべき資料を確認する。 ●通知状に添付する資料があれば作成する。
④ 開催通知と 出欠確認	●開催通知状を作成し，参加予定者に送付する。 ●出欠の確認をする。
その他の確認	●会議中の食事・茶菓の接待。 ●会議中の電話の取り次ぎ。 ●会議中の記録の有無。取るなら担当はどうするか。 ●宿泊の手配の有無。

☆ 会議の開催通知

　会議の開催通知は正式には文書でします。しかし，社内会議の場合などは電話や電子メールで連絡するのが一般的です。

　社外会議の場合は，開催日の1カ月ほど前に正式に通知状を送付します。通知状には次のような項目を入れます。

●会議の名称。
●開催日時（開始・終了予定時刻）。
●開催場所（地図・電話番号・会場名・階・室名・部屋番号など）。
●議題（開催の趣旨）。

●出欠（連絡方法と締切日）。
●主催者（事務局）名と連絡先（担当者名）。
●駐車場，食事の有無。
●その他，資料や注意事項など。

　また会議資料は，できれば事前に配布するようにし，当日は忘れた人のために予備を用意しておきます。

3 会議の準備② 会場設営

「多数を対象にした情報伝達会議は『教室式』」

多数の参加者に説明したり，質疑応答をするような会議は教室式にします。スクリーンやホワイトボードを使う場合はVの字形やコの字形（多人数），意見交換をするような会議は円卓式やロの字形（多人数）にします。

☆ 会場設営

　会場設営でポイントとなるのは机・椅子などの配置方法ですが，会議の目的，参加人数，会場の広さによって異なるので注意します。

●円卓式・ロの字形

席次もなく，自由な意見交換ができるのでアイデア会議などによく使われます。

●はリーダーまたは議長席です。

お互いの顔が見えて，気楽な雰囲気で話し合えるのが長所。参加人数は20人程度が限度で，自由な話し合いを主な目的とする会議に適している。人数が多いときは，中に空きをつくってロの字形にする。

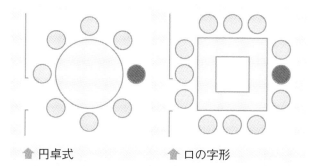

🔹 円卓式　　　　　🔹 ロの字形

●教室式（議事式）

株主総会などは教室式です。

参加者が多いときや，情報伝達を主な目的とする会議に適している。

教室式（議事式）

ホワイトボード

●コの字形・Vの字形 　研修会議でよく使われる。参加者全員が前方を見やすいのでプロジェクター*やビデオを使用する場合に適している。

スクリーンなどが見やすいのはVの字形です。人数が多い場合はコの字形にします。

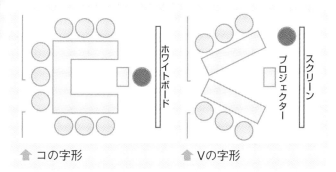

🔼 コの字形　　　　🔼 Vの字形

☆ 会議の準備

　会議を円滑に進めるために，事前に次のような準備をしておきます。

●他の担当者と当日の役割分担を決める。
●社外の人も参加する会議では，席順を上司に確認する（卓上用あるいは胸に着ける名札を作ることもある）。
●プロジェクター，ビデオ，スクリーン，ホワイトボード，マイクなど必要な機器類を事前に用意し，支障なく使えるかチェックしておく。
●ホワイトボード用インクなどの消耗品が十分あるかどうかなどもチェックする。その他，指し棒やレーザーポインター*など，必要なものを用意しておく。

Let's Study!
よく出る問題

■適当＝○か不適当＝×か考えてみよう。
□ 上司主催の社内会議を開くための準備をするようにと指示されたので，出席人数，席順，用意する資料について確認した。
解説：社内会議であれば，職位に従って席順はそれとなく決まっているものである。従って，あらかじめ席順を決めておく必要はなく，もちろん上司に確認する必要もない。
解答＝×

第5章技能

用語 Check　【プロジェクター】　グラフや図版，文字などをスクリーンに写し出す装置。液晶のものが主流になってきている。
　　　　【レーザーポインター】　指し棒の代わりにレーザー光を利用したもの。遠い位置から対象を指し示せる特性がある。

4 会議中の秘書の仕事

Key フレーズ 「会議の開始が遅れる場合は参加者に告げる」

会議開始の定刻近くになったら，出欠状況を上司に伝えます。その状況によって，上司から開始を遅らせる指示があれば，「定刻になりましたが，あと10分ほどお待ちください」などと参加者に告げます。

☆ 会議直前や会議中の主な仕事

上司が主催する会議開催日当日に，秘書が行う仕事は以下のようなものです。

◆出欠確認

事前に用意した参加予定者一覧表に基づいて出欠を確認します。参加者が多いときや配布資料がある場合は入り口に机を設けて対応し，コートや荷物もそこで預かります。定刻近くになったら出欠状況を上司に報告し，定刻になっても現れない参加予定者には電話連絡します。

☝ 受付で出欠確認。

◆会場の管理

会議場の空調，照明，騒音防止などの調節・管理をします。

また，参加者から預かった物は確実に保管します。

◆接待

事前の打ち合わせに基づいて茶菓や飲み物などを出します。状況に応じて，お茶のサービスの回数を増やすなどの配慮も必要です。

☝ お茶などの接待。

◆記録を取る

上司の指示があれば，秘書が会議の記録を取り，後で議事録にまとめるケースもあります。

☝ 議事の記録を取る。

◆会議中の電話の扱い

　会議中，参加者宛てにかかってきた電話の対応をどのようにするか，前もって上司と打ち合わせておきます。参加者への伝言はメモで取り次ぎ，小声でも口頭で伝えるようなことはしません。

　また，会議中の携帯電話の扱いについても，「電源を切る」，「マナーモードにする」など事前に上司と打ち合わせておきます。

☆ 会議終了後の主な仕事

　会議が終了したら，以下のような手順で参加者の見送りや会場の後片付けをします。

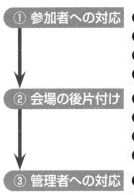

① 参加者への対応	●車で帰る人には配車の手配をする。 ●預かった衣類，持ち物を間違いなく返す。 ●会議中に受けた伝言を忘れずに伝える。 ●忘れ物がないか確認する。
② 会場の後片付け	●資料や備品を片付ける。 ●机や椅子を元通りにし，コップなどを片付ける。 ●冷暖房・換気扇・照明のスイッチを切る。 ●窓を閉め，戸締まりをする。
③ 管理者への対応	●会議室の管理者に会議の終了を報告し，必要であればその場で会場費などの費用の精算をする。

これは 間違い！

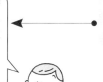

上司が主催する会議で，会議が予定時間をオーバーしたときは，できるだけ早く切り上げるように議長席の上司にメモで伝えることも秘書の役目だと思います。

間違いの理由

会議の進行をどのようにするかは議長である上司が判断することです。秘書がメモで伝えるようなことではありません。

---

1 難易度 ★☆☆☆☆ 😣 できないと キビシ〜!! チェック欄 □

　秘書Aは上司から,「次の支店長会議は社外で行いたいので会場を探すように」と指示された。そこでAは上司に,日時,出席予定人数の他に次のことを確認した。中から不適当と思われるものを一つ選びなさい。

1) 予算はどのくらいか。
2) 使用する機器はあるか。
3) 会場はどの辺りにするか。
4) 会議を開催する目的は何か。
5) 食事や茶菓などの希望はあるか。

---

2 難易度 ★☆☆☆☆ 😣 できないと キビシ〜!! チェック欄 □

　秘書Aの上司は,社外での会議に出席することがよくある。次は,それに関してAが行っていることである。中から不適当と思われるものを一つ選びなさい。

1) 定例会議の場合には,前回の議事録を用意するようにしている。
2) 開催の場所や駐車場を確認し,車の手配は早めにするようにしている。
3) 会議が長引くことも考えて,会議後の予定は時間に余裕を持って入れるようにしている。
4) 上司が毎回出席している会議でも,通知が届いたらその都度出欠を確認するようにしている。
5) 上司から欠席すると言われていても,予定の変更に備えて締切日の前日まで返信はがきは出さないようにしている。

3　難易度 ★★☆☆☆　　できないと アヤウイ!　　チェック欄 ☐

　秘書Aは上司から，社外の人を会社に招いて行う会議の準備をするように指示され，日時と出席者数を言われた。次はそのときAが上司に確認したことである。中から不適当と思われるものを一つ選びなさい。

1）席に名札を置くか。
2）用意する資料はあるか。
3）使用する機器はあるか。
4）会議の通知はどうするか。
5）会議室の予約はいつすればよいか。

4　難易度 ★★★☆☆　　できて ひとまずホッ!!　　チェック欄 ☐

　秘書Aは上司から，上司主催の社内会議の開催通知状を作成するように指示された。次はAが，その通知状に書いたことである。中から不適当と思われるものを一つ選びなさい。

1）議題
2）会議名
3）添付する資料
4）通知状作成者名
5）担当者名と連絡先

次は秘書Aが，上司が議長を担当する定例部長会議のときに行ったことである。中から不適当と思われるものを一つ選びなさい。

1）会議が始まる時間に出席予定のT部長が来ていなかったので，T部長の秘書に内線電話で連絡した。
2）R部長が会議資料を忘れてきたので，後で戻してもらいたいと言って予備の資料を渡した。
3）会議は始まっていたが，欠席予定だったW部長が今から出席すると連絡してきたので，席を用意した。
4）会議は予定時間を過ぎても終わらなかったが，時間が過ぎていることは特に上司に伝えなかった。
5）会議の終了後，上司に次回の会議について確認し，次の担当議長の秘書に日程などを連絡した。

秘書Aの上司が定例部長会議から戻ってきた。今回は上司が部長会議の当番だった。次はこのときAが上司に確認したことである。中から不適当と思われるものを一つ選びなさい。

1）準備に落ち度はなかったか。
2）次回の会議の日程はいつか。
3）次回までにしておくことはないか。
4）欠席した部長にいつ資料を届けるか。
5）配布資料はすぐファイルしてよいか。

1＝4）会議の会場を探すために確認することは，会議を行うのに伴って必要なことになる。会議を開催する目的は，必要なことではないので不適当である。

2＝5）会議の準備は出席者に合わせて行われるから，欠席の場合はなるべく早く知らせるのが主催者に対しての配慮になる。また，締切日の前日に返信はがきを出した場合，期限に間に合うとも限らない。従って，5）の対応は自分側の都合しか考えていないことになるので不適当である。

3＝5）会議室の予約は，一般的に先にした人が優先されるので速やかにするのが原則。従って，上司から指示があったらすぐにするのがよいので，いつすればよいかと確認したのは不適当ということである。

4＝4）開催通知状は，会議があることを知らせて，関係者に出席を依頼する文書。仮に出席予定者が会議について問い合わせるとすると，それは担当者になるので，通知状作成者名は必要ないということである。

5＝2）予備の会議資料は，忘れた場合などのために用意しているもので，持ち帰って構わない。会議中，余白にメモすることもあろう。そのようなものを，後で戻してもらいたいと言うなどは不適当ということである。

6＝4）部長会議の資料だから，欠席した部長には会議後に届けるのが一般的である。従って，確認するようなことではないので不適当ということである。

合否自己診断の目安

　正解率60％以上を合格の目安としてください。ここでは，6問出題したので，4問以上の正解でクリアです。

1　会議と秘書	6問中	問正解 ●正解率＝	％

最終章で最初のチャレンジ。結果はいかがでしたか？
予想外の問題が出題されても，慌ててはいけません。常識で考えれば意外に簡単だったりします。常識レベルの基礎知識は確実に身に付けておくようにしましょう!!

SECTION 2 ビジネス文書と秘書

Lesson 1 社内文書の基礎知識

これだけは押さえておきたい Key フレーズ 「社内文書では，あいさつ不要」

社内文書は，内部の文書ということと能率化を図るために，時候のあいさつなどは一切省略します。また，本文は「です，ます」体に，「記」書きは「である」体か名詞止めに統一します。最後は，必ず「以上」で終わります。

☆ ビジネス文書とは

ビジネス文書とは，会社業務を円滑に進めるために一定の書式に従って書く会社の正式な文書のことで，「社内文書」と「社外文書」の2種類に大別されます。

社内文書は，社内での通知や報告，各種の届などに使われる文書，社外文書は，商取引や社交のために取引先などに発信する文書です。

☆ 社内文書作成の際の留意点

社内文書を作成する場合は次のことに留意します。

◆文章は簡潔に，主語・述語を明確にする

社内で用いるので内容伝達第一とし，礼儀は最小限にとどめます。重要事項の伝達には箇条書きが多く用いられますが，「文章は短く」が基本です。主語と述語を明確にし，要点を押さえて簡潔にまとめるように心がけましょう。

◆横書きで作成する

特別な場合を除き，次のような理由からビジネス文書では横書きを用いるのが原則です。

●国際的である。
●英語などで書きやすい。
●パソコンなどで扱いやすい。

Let's Study! よく出る問題

■適当＝○か不適当＝×か考えてみよう。（上司の原稿をパソコンで清書し終わったとき，ミスがないかチェックしたこと）
□①字間や行間は適切か。
□②漢字の誤字はないか。
□③言葉遣いは適切か。
解説：字間や行間が適切かどうかや誤字脱字をチェックする必要はあるが，上司の書いた原稿の言葉遣いが適切かどうかまでチェックする必要はない。
解答①＝○，②＝○，③＝×

◆頭語・結語，あいさつは省略する

社内文書では頭語・結語，時候のあいさつは必要ありません。また文末は全て「以上」で締めくくります。

◆丁寧な表現は控えめにする

過剰な丁寧さは控え，「～いたします」「お願い申し上げます」は，「～します」「お願いします」とします。

◆パソコンでフォーム化する

よく使用する文書はパソコンを利用してフォーム化し，必要な部分だけ入力すれば済むようにします。

> 手紙などで最初に書く「拝啓」「前略」などが頭語，「敬具」「草々」など文の末尾に書くのが結語です。

☆ 数字の表記

数字の表記では，算用数字と漢数字を正しく使い分けます。

◆算用数字（洋数字，アラビア数字）

算用数字とは，「1，2，3，4……」のように記す数字です。
番号，金額，数量などに使用します。

◆漢数字

漢数字とは，「一，二，三，四……」のように記す数字です。
縦書きの文書に用いるほか，次のような場合に使用します。

●固有名詞	四国，三重県，六本木など。
●概数	二，三日，数十人，五百余人など。
●ヒト，フタ…と読む場合	一休み，二人連れ，五つ子など。
●成語	二人三脚，四方八方，五里霧中など。
●数量的な意味が薄い場合	四季，第一印象，一部分，一般，第三者など。

◆算用数字と漢数字の組み合わせ

5万，7億のように，桁の大きい単位の場合に使います。
なお「千」は「4」と間違えやすいので，組み合わせとして手書きで書くときは注意しましょう。

第5章 技　能

■これだけは押さえておきたい■
Key フレーズ 「案内文には強制力はない」

社内文書には通知文書や案内文書，報告書などがあります。これらの文書はその書式に従って書き表していくようにします。また，案内文は社員の便宜を図るための文書なので強制力はありません。

☆ 社内文書の種類

社内文書には，次のようなものがあります。

◆ 稟議書

稟議書とは，ある案件について，権限を有する上位の人に「○○を○○してよろしいでしょうか」と伺いを立て，決裁・承認を仰ぐ書類のこと。

◆報告書

出張・調査などの経過や結果を報告する書類で，出張報告書，研修報告書などがあります。定期的なものには日報，週報，月報があります。

◆通知文

社員旅行の告知など，会社の決定事項を知らせるもので，社員はこれに従い行動します。

◆案内文

厚生施設利用の案内など，社員の便宜を図るためのもので強制力はありません。

Let's Study!
よく出る問題

■適当＝○か不適当＝×か考えてみよう。
□①決定権のある人に決裁を仰ぐための文書を提案書という。
□②社内文書の発信日付には，元（年）号を省略してよい。
□③社内文書で文書の最後を示す「以上」は，担当者名とその連絡先の下に書く。
解説：①決裁を仰ぐ文書は稟議書という。
解答＝×
②社内文書であっても，正式な文書の様式として元（年）号，年，月，日を書く。省略してよいのはメモなどのとき。
解答＝×
③担当者名とその連絡先を書くときは，以上の下に書くのが決まり。
解答＝×

これは 間違い！

間違いの理由

上司は業務改善委員会の委員長ですが，委員会の開催通知を出すよう指示されました。上司は総務部長なので，発信人は「総務部長」にしました。

上司は総務部長ですが，業務改善委員会の委員長として招集するのですから，発信者名は業務改善委員長にしなければなりません。

☆ 社内文書の形式 ＊理解したらチェックしよう

正式な社内文書に必要な項目と基本的なスタイルは次の通りです。

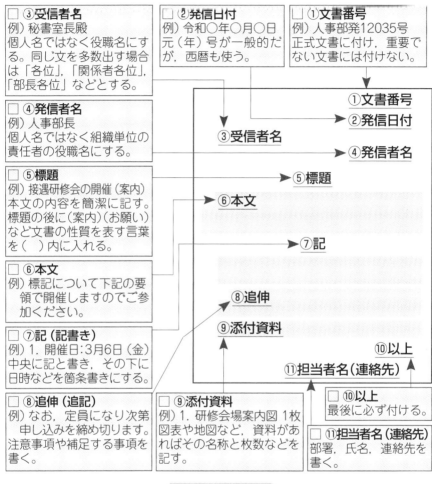

□ ③受信者名
例）秘書室長殿
個人名ではなく役職名にする。同じ文を多数出す場合は「各位」,「関係者各位」,「部長各位」などとする。

□ ②発信日付
例）令和○年○月○日
元（年）号が一般的だが,西暦も使う。

□ ①文書番号
例）人事部発12035号
正式文書に付け,重要でない文書には付けない。

□ ④発信者名
例）人事部長
個人名ではなく組織単位の責任者の役職名にする。

□ ⑤標題
例）接遇研修会の開催（案内）
本文の内容を簡潔に記す。標題の後に（案内）（お願い）など文書の性質を表す言葉を（　）内に入れる。

□ ⑥本文
例）標記について下記の要領で開催しますのでご参加ください。

□ ⑦記（記書き）
例）1. 開催日：3月6日（金）
中央に記と書き,その下に日時などを箇条書きにする。

□ ⑧追伸（追記）
例）なお,定員になり次第申し込みを締め切ります。
注意事項や補足する事項を書く。

□ ⑨添付資料
例）1. 研修会場案内図 1枚
図表や地図など,資料があればその名称と枚数などを記す。

□ ⑩以上
最後に必ず付ける。

□ ⑪担当者名（連絡先）
部署,氏名,連絡先を書く。

①文書番号
②発信日付
③受信者名
④発信者名
⑤標題
⑥本文
⑦記
⑧追伸
⑨添付資料
⑩以上
⑪担当者名（連絡先）

これは 間違い！

社内文書を作成するときには,必ず文書番号を付けるようにしています。

間違いの理由

文書番号は,保存・整理するために付けるものです。その必要がないような文書については,通常付けません。

3 社外文書の慣用表現

Key フレーズ 「頭語が『前略』なら，結語は『草々』に」

頭語と結語には決まった組み合わせがあります。頭語が「前略」の場合は，「丁寧でない書き方でごめんなさい」の意味の「草々」を用います。

☆ 社外文書の基本スタイル

社外文書の基本スタイルは社内文書と同じですが，本文は①前文，②主文，③末文で構成されます。前文には，「拝啓」などの頭語を最初に書き，主文には本来の用件を，末文の最後には，「敬具」など頭語に対応する結語を書きます。

```
┌─ 頭語    ①前文

本        ②主文
文
│         ③末文
└─              結語
```

☆ 頭語・結語／時候のあいさつ

◆頭語と結語

「頭語」と「結語」の基本の組み合わせは右の表のようになっています。これらは文書の性格や内容によって使い分けます。

頭 語	結 語	用 途
拝啓	敬具	一般の往信
拝復	敬具	一般の返信
謹啓	敬白，敬具	特に丁重なときに
前略	草々	急ぎのときなど
（省略）	以上	事務的に扱うとき

◆時候のあいさつ例

頭語の次には，以下のような時候のあいさつを書きます。

1月	厳寒の候／厳冬の候	7月	盛夏の候／猛暑の候
2月	向春の候／余寒の候	8月	残暑の候
3月	早春の候	9月	新秋の候／初秋の候
4月	陽春の候／春暖の候	10月	秋冷の候／紅葉の候
5月	新緑の候	11月	霜降の候／晩秋の候
6月	初夏の候／梅雨の候	12月	歳晩の候／初冬の候

☆ 前文・主文・末文に用いる慣用語句

慣用表現には次のようなものがあります。

◆前文

用件に入る前のあいさつ文は，頭語の次に1字空けて書き始めます。

- 「ご発展」「ご隆盛（りゅうせい）」は「会社の繁栄（を祝う）」の意味。会社などの団体宛ての文書に使う。
- 「ご健勝」「ご清祥（せいしょう）」「ご清栄（せいえい）」は「あなたが健康で無事に暮らしていること（を喜んでいます）」の意味。個人宛ての文書に使う。
- 「時下（じか）」は「このごろ」の意味。季節のあいさつに迷うときに。

> **前文の例**　●拝啓　秋冷の候，貴社ますますご発展のこととお喜び申し上げます。

◆主文

主文では，「さて」で書き始めます。以下の慣用語句も利用します。

- 「標記について」は，標題を付けた場合，主文を簡潔に表すのに用いる。「さて，標記について下記の通り〜」などと使う。
- 「ついては」は，「そこで」の意味。次の内容に移るときの接続の語。文の途中では「〜につき」を用いる。
- 「何とぞ」は，「どうか」の意味。頼み事や願い事をするときに用いる。
- 「くださる，賜（たまわ）る，いただく」は，相手に何かをしてもらう，何かを受け取るときの丁重な表現。
- 「ぜひとも，切に，ひとえに，まげて，伏して」は，頼み事や願い事を強調するときに用いる。

> **主文の例**　●さて，突然のお願いで恐縮ですが，

◆末文

末文は，最後に文章を締めくくるあいさつの文です。

- 「まずは」は，話を締めくくるときに用いる最初の言葉。
- 「取り急ぎ，取りあえず」は，「さし当たって，一応」の意味。
- 「略儀ながら」は，「簡略ですが，略式ですが」の意味。この後に「書中をもって，書面をもって」などが続くことが多い。

> **末文の例**　●まずは，略儀ながら，書中をもってごあいさつ申し上げます。敬具

■これだけは押さえておきたい■
Key フレーズ 「お客様宛てにする場合は，『お客様各位』に」

文書の受信者（宛名）をお客様にする場合は，お客様各位とします。「お客様殿」とか「お客様各位殿」などとはしません。また，お客様以外に多数の人に出す場合は「各位」または「関係者各位」などとします。

☆ 敬語の慣用語

ビジネス文書で相手を敬う語としては，以下のようなものが用いられます。

◆尊敬表現

尊敬表現とは，相手方を敬うときに用いる表現方法です。

人	●相手方（本人）を敬う場合は「○○様」「○○殿」などと使う。
	●文中では「氏，様，殿」，宛名には「様，殿，各位」を用いる。
名詞	●相手方を敬う名詞の尊敬表現としては，「御社，貴社，貴店，貴校，貴信，ご厚意，ご高配，ご尽力，ご来訪」などがある。
動詞	●相手方の行為や状態を敬う場合は，「お書きになる」など「お～になる」という形と，「書かれる，述べられる」など「れる・られる」の付く形が基本になる。その他，「おいでになる，なさる，くださる」など。

◆謙譲表現

謙譲表現とは，自分がへりくだることで相手方を敬うという敬語表現です。

人	●自分のことをへりくだる場合は，「小生，私ども」などとする。
名詞	●自分側をへりくだる名詞の謙譲表現としては，次のような例がある。「小社，弊社，卑見，愚案，拝見，拝読，お伺い，参上，薄謝」などがある。
動詞	●自分側の行為や状態をへりくだる場合は，「お話しいたします」など「お～いたす」と，「おわび申し上げます」など「お～申し上げる」という形が基本になる。その他，「伺う，いただく，賜る，存ずる，参る」など。

◆丁寧表現

　丁寧表現とは，相手方を敬うために丁寧な気持ちを表現することです。文体を統一し，文の終わりを「です」「ます」や「ございます」にします。

☆ 自他の使い分け

項　目	相手方	自分側
□ 会社・商店	貴社　御社　貴店	当社　当店　弊社　小店
□ 官庁・団体	貴省　貴所　貴会	当省　当所　当会
□ 場所	貴地　御地	当地
□ 役職	貴社社長　○○部長	部長の○○　姓の呼び捨て
□ 人物	貴殿　貴下　各位　ご一同様	私（わたくし）　当方　私儀（わたくしぎ）　こちら　私（わたくし）ども
□ 金品	佳品　結構な品	粗品　寸志
□ 手紙	ご書面　貴信	書面
□ 気持ち	ご厚情　ご高配	微意（びい）*
□ 意見	ご高見　貴意（きい）	愚案（ぐあん）*　卑見（ひけん）*
□ 配慮・行動	ご配慮　ご尽力	配慮　尽力
□ 受領	ご受納　ご査収（さしゅう）	拝受　受領
□ 見る	ご高覧（こうらん）　ご覧	拝見　拝読
□ 会う	ご面会　ご引見（いんけん）	お伺い　参上

第5章 技能

【微意】	わずかな志，気持ちのことで，へりくだって言うときの言葉。
【愚案】	おろかな考え。自分の考えをへりくだって言う言葉。
【卑見】	いやしい意見。自分の意見をへりくだって言う言葉。

■これだけは押さえておきたい
Key フレーズ 「電話が終わった時刻が電話があった時刻」

上司の留守中電話を受けたら，伝言メモには「電話があった時刻」を書くことになりますが，電話が終わった時刻を記入すればよく，通話時間を推測して電話がかかってきた時刻を計算する必要はありません。

☆ メモの種類

　メモは，「メモランダム」の略。大事なことを忘れないように書き留めておく備忘録のことで，非公式文書です。メモには，「心覚えメモ」と「要約メモ」，「伝言メモ」があります。

◆心覚えメモ

　記憶にだけ頼らず，忘れないようにしておく自分のためのメモです。心覚えメモには，次のものがあります。

●名刺に書くメモ　来客の特徴や来訪日などを名刺の裏に書くメモ。

●指示を書くメモ　上司に仕事の指示をされたときなどにするメモ。

メガネ
早口で話す
白髪
コーヒー好き

◆要約メモ

　上司への報告事項や上司の口述した内容を要約して記すメモ。要点を要領よくまとめることが求められます。

🔊 名刺に書く心覚えメモ。

◆伝言メモ

　上司の留守中などに受けた電話の内容などをメモして，伝えるためのものです。書いた後は，上司の机の上の目に付きやすい場所に置いておきます。上司が帰ってきたら，口頭でも報告するようにします。

先方	様	から	☐ 電話
前 月　日　後　時　分	貴方 様		☐ 訪問 ☐ 伝言がありました

☐伝言があったら	→ 伝言
☐用件を言われなかった	
☐また来る	
☐すぐ来てください	
☐また電話する	
（　　時　　分頃）	
☐電話してほしい	
（　　　） 番	
私　　が聞きました	

🔊 印刷されている伝言メモの帳票。

☆ メモを取るときの留意点

　メモを取るときは，相手の話を単に聞いているという姿勢ではなく，「要点は何か」を常に意識して聞くことが大切です。その他，次のようなことに留意します。

●推測しない	上司の指示をメモするときには，自分勝手な判断や推測で話をカットしたり膨（ふく）らませたりせず，要点を正確にメモする。
●5W3H	いつ=When，誰が=Who，どこで=Where，何を=What，なぜ=Why，どうやって=How，幾らで=How much，幾つで=How many の要素をチェックして，漏（も）れがないようにする。
●復唱，確認	メモしたら，読み上げて確認する。特に日付，時間，場所，数量，人名などは念を入れて確認する。
●補足する	メモを取り終わったら，記憶が薄れないうちに，不足していることを書き込む。
●簡略化する	後で見たときに分かるような，自分なりの簡略化記号などを作成しておくと便利。

Let's Study!
よく出る問題

■適当=○か不適当=×か考えてみよう。
□①上司への電話の用件を要約して書くのは要約メモである。
□②メモは自分が分かればよいのだから，自分が作った略号などを用いて書いていてもよい。
解説：①上司への電話で秘書が用件を聞いてメモするのは，上司へ伝言するためである。従って，このようなメモは要約メモではなく伝言メモという。
解答=×
②心覚えメモや要約メモは，自分のためのメモである。後で見たときに自分で分かればよいので簡略化記号などを作成して使ってよい。しかし，伝言メモはそのメモを人に渡す場合がある。そのようなメモは相手が理解できるように，丁寧に読みやすく書くことが大切である。
解答=×

これは 間違い！

上司の留守中に電話を受けたとき，次のことをメモしました。①用件，②返事の期限，③通話時間，④電話を受けた日時，⑤相手の会社名と名前

間違いの理由

③の通話時間は，内容に関係ないのでメモしても意味がありません。

第5章 技能

グラフの書き方

Key フレーズ　「折れ線グラフは時間の推移による変化を見る」

　折れ線グラフは，時間の経過とともに，あるものの数量がどのように変化していったかを見るのに適したグラフ。一方，棒グラフは，ある時点での数量の比較をするときに適したグラフです。

☆ 折れ線グラフの特徴と作成上の留意点

　折れ線グラフの特徴は次の通りです。目盛りの基点は0とし，下が空き過ぎているときは中断記号を用います（図①）。

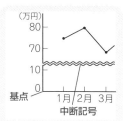

図①　折れ線グラフの基点と中断記号。

◆**折れ線グラフの特徴**

　物価統計，売上統計の月・年の変化を見るなど，時間の推移による数量の変化を表す場合に用い，線の高低で変化の経緯を把握します。

◆**折れ線グラフの作成上の注意点**

　以下の点に注意します。

●**時間の推移で変化するグラフは，左から右へ時間が流れるように目盛りをとる。**
●**折れ線を太くした場合，数値を示す線の位置は太線の上端に合わせる（図②）。**
●**複数の構成要素を一つのグラフ内に表す場合は，実線（―――），点線（……）など，線の種類を変える（図③）。**

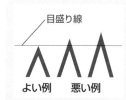

図②　数値を示す太線の突端の位置に注意。

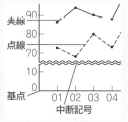

図③　折れ線グラフの組み合わせグラフ。

　折れ線グラフの構成要素が3つ以上のときには，点線の間隔を違えたり（― ― ― ―，………）1点鎖線（―・―）や2点鎖線（―・・―）などを使います。色が使える場合は，色別した方が点線などで区別するより分かりやすくなります。

☆ 棒グラフの特徴と作成上の留意点

　棒グラフの特徴は次の通りです。目盛りの基点は0とします（図④）。

◆棒グラフの特徴

　支店別売上比較，部署別人員構成比較など，棒の長さによって数量の大小を比較させるときに用います。

◆棒グラフの作成上の注意点

　以下の点に注意します。

- ●棒の幅は均等にする。
- ●極端に棒が長くなる場合は，2本にする（図⑤）か，中断記号を使って短くする（図⑥）。
- ●一つの項目に複数の構成要素を入れる場合は，棒を少しずらして重ねる。途中で前後が入れ替わっても，常に短いものを前に出して棒の先端を見せるようにする（図⑦）。
- ●要素の異なるものを組み合わせて表す場合には左右（図⑧）に対比させると分かりやすい。

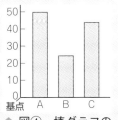

図④　棒グラフの基底。

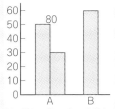

図⑤　長い棒を2本にする。

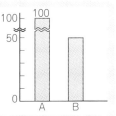

図⑥　中断記号を使って短くする。

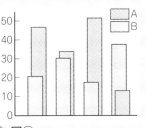

図⑦

短い棒を常に前に出すのが原則です。

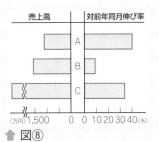

図⑧

グラフを作成するときには，タイトル，調査年月日を明記します。他の資料に基づいて作成する場合は，調査機関，引用資料（出典）も明記します。

---

1 難易度 ★☆☆☆☆ 😣 できないと キビシ〜!! チェック欄 □

　次は，秘書Aが最近書いた社外文書の一部である。中から下線部分の用語の使い方が<u>不適当</u>と思われるものを一つ選びなさい。

1）貴社ますます<u>ご発展</u>のこととお喜び申し上げます。
2）<u>粗品をご恵贈</u>くださり誠にありがとうございました。
3）平素は格別のご高配にあずかり，<u>厚く御礼</u>申し上げます。
4）何とぞ一層の<u>ご支援</u>を賜りますようお願い申し上げます。
5）まずは，略儀ながら<u>書中をもって</u>ごあいさつ申し上げます。

---

2 難易度 ★★☆☆☆ 😐 できないと アヤウイ! チェック欄 □

　兼務秘書Aが電話を取ると，取引先の担当者から課長宛てだった。課長は不在と伝えると，相手は「戻ったら電話をもらいたい」と言う。次はそのとき，Aが課長への伝言メモに書いたことである。中から<u>不適当</u>と思われるものを一つ選びなさい。

1）電話を受けた日時。
2）取引先名と担当者名。
3）課長は不在と伝えたこと。
4）<s>電話をもらいたいと言っていたこと。</s>
5）取引先担当者の在席時間。

3 | 難易度 ★★☆☆☆ | できないと アヤウイ! | チェック欄 |

　次の表は，製品Xの取り扱い販売店数の推移を示したものである。これを見やすいグラフにしなさい（定規を使わないで書いてよい）。

年度	2017	2018	2019	2020
販売店数	55店	110店	180店	160店

4 | 難易度 ★★☆☆☆ | できないと アヤウイ! | チェック欄 |

　次はビジネス文書の形式に関する用語とその説明の組み合わせである。中から不適当と思われるものを一つ選びなさい。

1）標題　＝　文書の内容を簡潔に表した「件名」のこと。
2）末文　＝　本文の終わりに書く，結びのあいさつのこと。
3）追伸　＝　本文に付け足したいことを最後に書き足す文のこと。
4）頭語　＝　本文中，別の話題に移るときに書く，例えば「さて」などのこと。
5）結語　＝　本文の最後に締めくくりとして書く，例えば「敬具」などのこと。

第5章　技　能

次の下線部分のカタカナを，横書き文書の場合の数字の書き方にして答えなさい。

1) シゴ 日
2) ジュウ 数名
3) 第 イチ 号議案
4) センロッピャク 円

次は社内文書の書き方について述べたものである。中から不適当と思われるものを一つ選びなさい。

1) 発信者名は職名だけでよい。
2) 文体は「です・ます」体でよい。
3) 1文書に書く用件は1件にする。
4) 発信日には年月日とともに曜日を書く。
5) 内容がすぐ分かるような標題を付ける。

1=2)「粗品」とは，贈る品物を粗末なものと謙遜して言う語である。自分側のことにしか使えないから，贈ってくれた品物を「粗品」と書くのは失礼で不適当。適切なのは，「結構なお品」などになる。

2=3) この場合の伝言メモに必要なのは，「課長から電話をもらいたい」ということとそれに関係することだけ。課長は不在と伝えたことは，課長が相手に電話をするに当たり必要ないので不適当である。

3=右図参照。

4=4)「頭語」とは，本文の最初に書き出しとして書く，例えば「拝啓」「前略」などのことである。

5=1) 四，五 2) 十 3) 1
　4) 1,600

6=4) 社内文書に限らず文書に年月日を書くのは必須のこと。発信日付は文書の内容に関係するからである。日付の特定に曜日は不要なので不適当ということである。

3＝グラフの解答

製品Ｘの取り扱い販売店数の推移

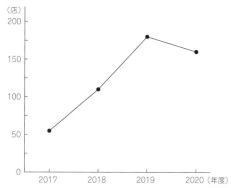

>>>>>>>>>> 合否自己診断の目安 <<<<<<<<<<

正解率60％以上を合格の目安としてください。ここでは，6問出題したので，4問以上の正解でクリアです。

2　ビジネス文書と秘書	6問中 ☐ 問正解 ●正解率＝ ☐ ％

グラフに関しては，実際にグラフを作成する問題がよく出題されるので，練習しておくことが大切です。「タイトル」や「基点の0」など，グラフに必要な要素を書き落とさないように注意しましょう。

Lesson 1 ビジネス文書の受信・発信

■これだけは押さえておきたい
Key フレーズ 「業務用文書か私信か不明な文書は開封しない」

上司宛ての私信文書は開封しないで渡すのが原則です。私信か業務用の文書か判断がつかない場合は，開封しないで渡します。また，業務用の文書でも，書留，親展，秘扱い文書は秘書が開封してはいけません。

☆ 受信文書の処理方法

上司宛ての受信文書は次の手順で処理します。

① 私信と業務用の文書，私信か業務用か不明な文書に仕分けする

私信 ┐
不明 ┘ ── 開封せずに上司に渡す。

業務用文書 ┐

私信，不明文書，書留，親展は開封しないで渡します。

② 業務用の文書を書留，親展，その他に仕分けする

書留 ┐
親展 ┘ ── 開封せずに上司に渡す。「秘」扱い文書も開封しないが，それは通常「親展」として出される。

「秘」扱い文書は一般的に親展で送ります。

その他 ── 開封して以下の処理をし，上司に渡す。

●請求書や見積書は計算してチェックする。同封物があるときは照合・確認する。こちらからの往信に対する返事には，往信のコピーを添付する。
●文書の要点をメモしたり，重要と思われる部分にアンダーラインを引いておく。
●上司に渡すときは，封筒を文書の後ろにクリップで留め，急ぎのもの，重要なものを上にして渡す。
●上司に見せる必要のないDMや広告などは処分する。

その他の文書は開封します。

☆ 社外文書の発信

　社外文書の発信を社内でまとめて行う場合は，文書課（文書係）へ依頼します。依頼の仕方には，下記のようなケースがあります。

- ●文書をそのまま渡す。
- ●文書を封筒に入れ，宛名を書いて渡す。
- ●文書を封筒に入れて宛名を書き，切手を貼って渡す。

☆「秘」扱い文書の取り扱い

　「秘」扱い文書の取り扱いについては，以下のことに留意します。

◆社内での取り扱い

　社内での「秘」扱い文書の取り扱いは，ケース別に適切な処理をするよう心がけます。

●個人宛てに渡す	封筒に「秘」ではなく「親展」と表示して封をする。
●他部署に渡す	文書受渡簿に記入しておき，渡すときに受取印をもらう。
●配布する	文書に通し番号を付け，配布先を記録しておく。
●コピーを取る	必要部数だけコピーして記録しておく。
●廃棄する	廃棄するときやミスコピーは文書細断機などで処理する。
●ファイルする	一般文書とは別にし，鍵付きのキャビネットを使用する。

「秘」扱い文書を取り扱い中に，短時間でも離席する場合は，必ず机の引き出しにしまっています。

「秘」扱い文書をコピーするときは，人のいない時間帯を選んでいます。

◆社外に発送する

　社外に「秘」扱い文書を発送する場合は次の点に留意します。

- ●必ず受発信簿に記録する。二重封筒にし，内側の封筒には「秘」の印を押す。外側の封筒は透けないものを用い，「親展」と記して封をする。
- ●郵送するときは，簡易書留にする。発送後，受信者宛てに「秘」扱い文書を送ったことを電話で連絡しておく。

■これだけは押さえておきたい■
Key フレーズ 「返信はがきの御芳名は，『御芳』まで消す」

往復はがきの返信用に印刷されている「御芳名」は「御」だけでなく「芳」も二重線で消すようにします。「芳」は「御」と同じく，こちらに対する敬称になるからです。

☆ はがきの知識

以下のような「はがき」の基本的な知識を知っておきます。

◆はがきの種類

日本郵便㈱が販売する「通常はがき」，「往復はがき」があります。そのほか切手を貼る一般の「私製はがき」，「私製往復はがき」があります。

郵便はがき 153-0043
切手
東京都目黒区
東山〇-〇-〇
早稲田花子様

ここにも通信文を書くことができます。

◆はがきの通信面

はがきの通信文は裏面だけでなく，宛名を読むことができれば，表面にも書くことができます。また，合計6g以内で，はがきのサイズ以内ならシールや薄い紙などを貼ることができます。ただし，貼り付けるものが容易にはがれないよう，全面を密着させる必要があります。

◆往復はがきの書き方

返信用はがきは，図①のように出席・欠席の該当しない方を消します。該当する方は丸囲みしてもよいし，しなくても構いません。また，「御出席」，「御住所」の「御」，御芳名の「御芳」など，こちらについている敬称は2本線で消します。宛名の「行」も2本線で消し，個人宛てなら「様」や「殿」，会社や団体宛てなら「御中」に書き直します。

これは **間違い！**

往復はがきは，返信用に切り取って使うことはできますが，往信を切り取って単独に使うことはできないと思います。

間違いの理由

● 往復はがきは，どちらも切り取って通常のはがきとして使うことができます。

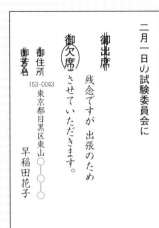

図① 往復はがきの返信の仕方

☆ 封書の知識

以下のような「封書」の基本的な知識を知っておきます。

◆定形郵便物

定形郵便物とは，長さが14cm〜23.5cm，幅が9cm〜12cm，厚さが1cm以内，重量が50g以内の郵便物のことです。それ以外は定形外郵便物になります。また，簡易な封書として郵便書簡（ミニレター）もあります。

◆宛名の書き方

宛名の書き方には，縦書き（図②）と横書きがあり，横書きには，封筒を縦位置に置く縦長式（図③）と，封筒を横位置に置く横長式（図④）とがあります。切手の下は消印のためのスペースとして空けておきます。

図② 縦書き

図③ 横書き（縦長式）

図④ 横書き（横長式）

3 郵便小包と特殊取扱郵便物

Key フレーズ 「ゆうメールは，宛て地による料金差はない」

サイズ別と宛て地によって料金が異なるのが「ゆうパック」。「ゆうメール」は重量によって基本料金は違いますが，宛て地による差はありません（特別料金除く）。

☆ 郵便小包

　通常郵便としては送れない品，あるいは料金が割高になる重い品やかさ高な品を送る場合は，郵便小包を利用します。

　郵便小包には，次のような特徴があります。

● 「ゆうパック」は，長さ・幅・厚さの合計が1.7メートル以内で，重さが25kgまでの荷物を送るときに利用する。

● 「ゆうメール」は，重さ1kgまでの本やカタログなどの印刷物・CD，DVD等をゆうパックより割安に送ることができる。中身が分かるように封筒の一部を開封するなどし，ポストに投函できる。

● ゆうメールもゆうパックも簡単な添え状や送り状は入れられるが，信書*は入れられない。

● 「レターパック」は全国一律料金で送れる。A4が入る大きさの専用封筒を使用する。4kg以内。信書の同封が可能なので，礼状を添えた贈り物や業務用サンプルの発送に便利。

これは間違い！

間違いの理由
印刷物で冊子になっていればゆうメールを利用できます。また，CDやDVDなど電磁的記録媒体も送ることができます。

市販の書籍はゆうメールを利用できますが，社内報や会報など市販していないものは利用できないと思います。

Let's Study!
よく出る問題

■適当＝○か不適当＝×か考えてみよう。
□量が多ければ，書類も「ゆうメール」で送ることができる。
解説：いくら量が多くても書類が書籍になることはない。
解答＝×

用語Check 【信書】　信書とは，例えば書状，通知文書，願書，案内状や招待状などのことです。

☆ 特殊取扱郵便物

郵便物を次のような特殊取扱郵便物とする場合は，通常の料金に特殊取扱料金が加算されます。

◆速達と書留

郵便物を速く送りたいときには「速達」扱いに，貴重品を送りたいときには書留にします。この両方を利用することもできます。

- **●速達**　郵便物の最上部の右側に赤線を入れるか，赤字で「速達」と書く。

- **●書留**　引き受けたときと配達したときの記録が残るので郵便物を確実に届けられる。万一事故で届かなかったときは，損害賠償が受けられる。現金は，「現金書留」で，小切手，手形，郵便為替，商品券などは「一般書留」で，重要書類や原稿また，5万円までの有価証券などは，「簡易書留」で送る。どれも通信文を同封できる。

☝ 現金書留。
　　現金を送付する場合に（硬貨も送ることができる），専用封筒を用いて利用する。現金を包んだのし袋を専用封筒に入れて送ることができるのでお祝いを送るときにも便利。

☝ 一般書留。
　　手形や小切手，商品券，チケット等の有価証券を安心して送ることができる。万一の時には実損額を賠償してもらえる。

☝ 簡易書留。
　　「秘」扱い文書や生原稿など重要書類を送るときに使う。賠償は5万円までの実損額なので，5万円以下の有価証券を送るときに利用すれば一般書留より割安。

◆その他の特殊取扱

一般書留と現金書留は，下記の特殊取扱にすることができます。

- **●引受時刻証明**　郵便物を差し出した時刻を証明する。

- **●配達証明**　郵便物を配達した日付を証明する。

- **●内容証明**　どのような内容の文書を出したかを証明する。

第5章技能

4 大量郵便物と書き損じの交換

Key フレーズ 「料金別納郵便は儀礼的なものには使わない」

結婚式や記念式典の招待状など，儀礼的な郵便物を出す場合は，たとえ大量に発送する場合でも料金別納にはしません。社交文書には，切手を貼って出すのが礼儀とされています。

☆ 大量の郵便物の発送

　大量の郵便物を送るときには，下記のような日本郵便の郵便制度を利用すると便利です。

◆料金別納郵便

　料金が同じ郵便物を，同時に10通以上（ゆうパックは1個からでもよい）出すときに利用できます。事前に図のように印刷しておくと，切手を貼る手間が省けます。料金はその都度，まとめて窓口で支払います。

　　表示方法の一例

料金ごとに分けて差し出す場合は，同一料金でなくても構いません。

◆料金後納郵便

　毎月50通以上の郵便物を出す場合に利用できます。事前に取扱郵便局の承認を受けて，切手に代わるものとして，次のように表示します。料金は翌月末日までに現金で納付します。

ゆうパックは，10個から料金後納ができます。

◆料金受取人払

アンケートなどで，相手側に料金負担をかけずに返信をもらいたいときに利用します。利用する際は，あらかじめ取扱郵便局の承認を受けて，右図のような表示をしておきます。受取人は返信を受けた分だけの郵便料金と手数料を支払います。

```
料金受取人払
┌──────────┐
│ 新宿局承認 │
│          │
│   903    │
│          │
└──────────┘
差出有効期間
令和○年12月
15日まで
```

◆郵便区内特別郵便

同じ差出人が，同じ形・重さ・取り扱いの郵便物を同時に100通以上，同一郵便区内に出す場合に割安な料金で利用できます。大きさ，重さに制限があり，「郵便区内特別」の表示をする必要があります。

☆ 書き損じた郵便物の交換

書き損じたはがきなどは，決められた手数料を郵便局の窓口で支払えば新品と交換してくれます。ただし，郵便切手に相当する部分の「料額印面」を汚損したものは交換することができません。

交換できるものは次の通りです。

- ●郵便切手。
- ●通常はがき，往復はがき。
- ●郵便書簡，航空書簡。
- ●収入印紙。

Let's Study! よく出る問題

■適当＝○か不適当＝×か考えてみよう。
□①切手やはがきは，郵便局でしか買うことができない。
□②写真を封筒に入れたときは，封筒に「写真同封」と書く。
解説：①コンビニや雑貨店などで買うことができる。解答＝×
②一般的には，「写真在中」と書く。解答＝×

これは 間違い！

料金別納郵便で出すときは，料金別納と表示してある封筒を近くのポストに入れ，後で料金を郵便局で支払えばよい制度だと思います。

間違いの理由

料金別納郵便はポストから差し出すことはできません。取扱郵便局に行って窓口で申し込み，料金を支払って発送します。

第5章 技　能

1 難易度 ★★☆☆☆ 😔 できないと アヤウイ!　　チェック欄

　人事部長秘書Aは上司から,「これは採用関係の『秘』資料だが,コピーして
Y工場長宛てに送ってもらいたい」と指示された。次はコピーして郵送した後,
Aが行った一連のことである。中から<u>不適当</u>と思われるものを一つ選びなさい。

1) 発信簿に,送付日,送付先,送付方法などを記録した。
2) Y工場長に電話で,資料を郵送したことを伝えた。
3) 上司に,送り終えたことと工場長に連絡したことを報告した。
4) 保存用にもう1部コピーをし,Y工場のファイルにとじた。
5) 原本は,上司の指示通りに鍵のかかるキャビネットにしまった。

2 難易度 ★★★☆☆ できて ひとまずホッ!!　　チェック欄

　経理部長秘書Aは上司から,取引先に領収書を送るように指示された。この
領収書を封筒に入れて送るとき,領収書が入っていることを一般的にはどのよ
うに封筒に表示するか。次の中から適当と思われるものを一つ選びなさい。

1) 領収書添付
2) 領収書在中
3) 領収書封入
4) 領収書送付
5) 領収書封印

3　難易度 ★★☆☆☆　 できないと アヤウイ!　　　チェック欄　□

次の場合の封筒の宛名に付ける適切な敬称を（　　）内に答えなさい。

1）上司の学生時代の恩師宛てのとき
　中村和夫（　　　）
2）会社名宛てのとき
　〇〇株式会社（　　　）
3）会社名とアンケート係宛てのとき
　〇〇株式会社　アンケート係（　　　）
4）会社名と職名，個人名宛てのとき
　〇〇株式会社　人事部長　佐藤広子（　　　）

4　難易度 ★★★☆☆　 できて ひとまずホッ!!　　　チェック欄　□

　総務部長秘書Aのところに営業部の部員が来て，資料を貸してもらいたいという。その資料には「部外秘」の印が押してある。このような場合，Aはどのようにすればよいか。次の中から適当と思われるものを一つ選びなさい。

1）部外秘とは，他部署の社員に見せてはいけないという意味なので，「貸すことはできない」と言う。
2）部外秘とは，部署の外に持ち出してはいけないという意味なので，「この場で見るならよい」と言う。
3）部外秘とは，部署の外に持ち出してはいけないという意味なので，「コピーして貸すので待ってもらいたい」と言う。
4）部外秘とは，部長以外の社員には見せてはいけないという意味なので，「営業部長の許可を得てくれば貸す」と言う。
5）部外秘とは，その部の許可なく見せてはいけないという意味なので，「総務部長の許可を得るので待ってもらいたい」と言う。

第5章　技　能

次は，秘書Aの上司宛て郵便物の渡し方である。中から不適当と思われるものを一つ選びなさい。

1) *DMは，上司が関心のありそうなものだけを渡している。
2) 私信かどうか分からない郵便物は，開封しないで渡している。
3) 返信の文書には，こちらから出した文書の控えを付けて渡している。
4) 一般の郵便物は開封して中の文書を出し，封筒を付けて渡している。
5) 現金書留は開封して金額を確認し，受信簿に記録してから渡している。

　　*「DM」とは，ダイレクトメールの略称で，個人宛てに直接郵送する広告のこと。

次は秘書Aが郵便物に関して行ったことである。中から不適当と思われるものを一つ選びなさい。

1) 上司宛ての郵便物に速達があったので，他の郵便物の上に重ねて渡した。
2) 取引先から上司宛てに請求書が届いたので，上司に見せてから経理担当者に渡した。
3) 別の部署に異動した社員宛ての郵便物だったが業務関係だったので，今の担当者に渡した。
4) 上司が関心のないDMが定期的に送られてくるので，送付を止めてくれるよう差出人に連絡した。
5) 上司に頼まれて出欠の返信はがきを出すとき，私信のようだったので見えないように封筒に入れて送った。

1＝4）「秘」資料は，必要数の他にはコピーしないのが基本。上司から指示も
ないのに保存用にもう1部コピーするなどはしてはいけないこと。従って，コ
ピーをし，Y工場のファイルにとじたのは不適当ということである。

2＝2）

3＝1）先生　2）御中　3）御中　4）様

4＝1）

5＝5）現金書留は，受信簿に記録し開封せずに渡すのが基本。従って，開封し
て金額を確認するなどは不適当ということである。

6＝5）返信はがきは必要なことを書いてそのまま出すもの。従って，上司から
特に指示がなければ，私信だとしても封筒に入れる必要はないということで
ある。

合否自己診断の目安

　正解率60％以上を合格の目安としてください。ここでは，6問出題した
ので，4問以上の正解でクリアです。

3　文書管理	6問中 　 問正解　●正解率＝ 　　 ％

郵便に関する問題はよく出ます。最近は携帯
のメールで済ませることが多いためか，手紙
を書く習慣がなくなってきているようです。
郵便を利用したことがない人にとっては，知
らないことが多いのではないでしょうか？
企業では郵便を利用することが多いので，こ
の機会にしっかり勉強しておきましょう。

SECTION 4 資料管理

Lesson 1 ファイリングの基礎知識

■これだけは押さえておきたい■
Key フレーズ　「ファイルの基本は『留める，つづる，保管する』」

留める用具には「クリップ，ホチキス，穴開け器ととじ具」，つづる用具には「ファイル，フラットファイル」，保管する容器には「デスクトレー，キャビネット，保管庫」などがある。

☆ ファイル用具の種類

ファイリングとは，ファイル用具を活用して，文書や資料などを取り出しやすいように整理，保管しておくことです。どのようなファイル用具があるか把握しておきましょう。

◆留める用具

書類をホチキスなどを用いて留める場合は「横書き文書は紙の左肩」「縦書き文書は右肩」をとじるのが原則です。留める用具には以下のようなものがあります。

●**クリップ**　数枚の紙を，挟んでまとめておくときに使う。

●**ホチキス**　書類などを針で留める器具。片手で使用できる小型のもの，手で上から押すものなどがある。

●**穴開け器**　紙にとじ穴を開ける器具。書類を二つ折りにしてスジをつけて中心線を出し，それに穴開け器の目印を合わせて穴を開ける。この穴にとじ具の足を差してとじる。

クリップ。ゼムピンまたはゼムクリップとも呼ばれる。

ホチキス。

穴開け器。パンチとも呼ぶ。

◆つづる用具

書類などをつづるための用具としてファイルがあります。

●ファイル　　ファイルは，多くが紙製で，中にとじ具が付いている書類挟みのこと。書類をとじたファイルは書棚に立てて並べて整理する。

●フラット　　ファイルの中で，比較的柔らかくて背が角張らないものをファイル　　いう。

フラットファイルは新聞や雑誌の切り抜き用に使います。

☝ファイル。　　　　☝フラットファイル。

◆保管する容器

書類などを入れるのが保管容器です。以下のようなものがあります。

●デスクトレー　決裁箱ともいう。二つ並べるものと上下二段式のものとがある。一方に未処理の書類，もう一方に決裁済みの書類を入れる。単にトレーともいう。

●キャビネット　正式にはバーチカル・ファイリング・キャビネットと呼ぶ。分類した書類を保管する引き出し式の収納具。

●保管庫　　　　ファイルを立てて並べる書類棚のこと。書庫ともいう。

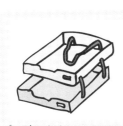

☝デスクトレー。　☝キャビネット。　☝保管庫。

第5章　技　能

2 バーチカル・ファイリングの用具

Key フレーズ 「ガイドとはフォルダーのグループの見出し」

バーチカル・ファイリングのガイドとは，分類したフォルダーのまとまりに対して付ける見出しの役割をするものです。五十音分類なら「ア」，「イ」などの見出しを付けた1枚の厚紙をそれぞれのグループの先頭に置きます。

☆ バーチカル・ファイリングと用具

書類をとじないで厚紙を二つ折りにしたフォルダーに挟み，キャビネットの引き出しに立てて，あるいはつり下げて並べる整理方法のことをキャビネット式整理法といいますが，一般的には「バーチカル・ファイリング」と呼びます。この方法の長所は次のような点です。

- ●書類をとじないので手間が省けるだけでなく，書類に穴を開けずに済む。
- ●書類の増減に対応でき，取り出しが簡単である。
- ●とじ具がない分，フォルダーが薄くて済む。

◆バーチカル・ファイリングの用具

バーチカル・ファイリングに使用する用具は，フォルダー，ガイド，ラベル，キャビネットです。

●フォルダー　厚紙を二つ折りにした書類挟みのこと。折り目を下にしてキャビネットに収納する。個別フォルダーと雑フォルダーの2種類がある。

個別フォルダーとは，「青木商事」など特定の相手の書類を挟むフォルダーのことです。
雑フォルダーとは，個別フォルダーを作成するほどの文書量がない場合に取りあえず入れておくフォルダーのことです。例えば，初めて取引するA社の書類は雑フォルダーに入れておき，A社の書類が増えればA社の個別フォルダーを作ることになります。

立てて並べるのではなく，キャビネットにハンギング・フレームというファイルをつるす枠にぶら下げて並べる方法をハンギング式バーチカル・ファイリングといいます。

☝上がハンギング・フレームにハンギング・フォルダーをつり下げている図。これがキャビネットの中に設置されている（下）。

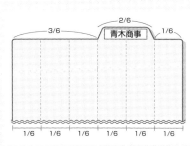

🔺 個別フォルダー例。

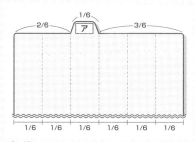

🔺 雑フォルダー例。

「青木商事」の個別フォルダーには，青木商事に関する書類が入ります。

「ア」の雑フォルダーには，個別フォルダーを持っていない「赤坂電機」，「安藤工業」など「ア」に属する各社の書類が雑居しています。

● **ガイド**　「ア」「イ」「ウ」などキャビネットの引き出しに並べたフォルダーのグループを区切り，見出しにするための厚紙。

● **ラベル**　「青木商事」などタイトルを書いてフォルダーの山（見出しになる部分）に貼る紙。

● **キャビネット**　文書整理だんす。正式には，バーチカル・ファイリング・キャビネットという。

🔺「ア」のガイド例。

🔺 ラベルの例。

「ア」のグループには，最初に「ア」のガイド，次に「ア」に属する各社の個別フォルダー（複数），最後に「ア」の雑フォルダーが順に並びます。貸出ガイドや第2ガイドは，必要に応じて使用します。

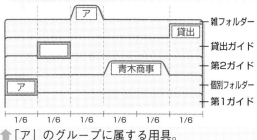

🔺「ア」のグループに属する用具。

🔺 キャビネットの引き出し。

■これだけは押さえておきたい■
Key フレーズ 「フォルダーが少ない場合はガイドも略す」

例えば相手先別整理でフォルダーを五十音順に分類する場合，フォルダーの数が少ない場合は「ア」，「イ」，「ウ」などとしないで，「ア」，「カ」，「サ」など行ごとにガイドを設けた方が実践的です。

☆ 書類の整理方法

　書類を整理するときの原則は，「よく一緒に使う書類は，同じフォルダーにまとめる」ことです。まとめ方としては，「相手先別整理」，「主題別整理」，「一件別整理」，「標題別整理」，「形式別整理」などがありますが，よく使われるのは次に示す「相手先別整理」と「主題別整理」です。

◆相手先別整理

　例えば手紙，書類などが誰から来たものか，すぐに分かるよう個人や会社ごとに一つのフォルダーにまとめていく整理方法です。フォルダーのタイトルは，「相手先名(会社名)」とし，相手先とやりとりした手紙や関連書類は，全て同じフォルダーに入れます。

　複数の相手先を整理するためには，五十音順，アルファベット順などの方法があります。

◆主題別整理

　書類や資料などをテーマ別にまとめる整理方法です。カタログを整理することを例に取れば，OA機器のカタログを会社別にまとめるのが相手先別整理，「コンピューター」「プリンター」などテーマごとにまとめるのが主題別整理です。この場合のフォルダーのタイトルは，「コンピューター」「プリンター」になります。

　この主題別整理法は，カタログのほか文献や新聞・雑誌の切り抜きをまとめる場合などの整理法としてよい方法です。分類したテーマに沿って必要な情報をすぐ探すことができるからです。

Let's Study!
よく出る問題

■適当＝○か不適当＝×か考えてみよう。
□ 厚紙を二つ折りにした見出しのついた書類挟みのことをガイドという。
解説：ガイドとはバーチカル・ファイリングでグループ全体の見出しの役割を果たす，一枚の厚紙のこと。二つ折りにした書類挟みはフォルダーという。
解答＝×

☆ バーチカル・ファイリングの整理方法

　キャビネット内のフォルダーは一定の基準で整理することになります。例えば，相手先別整理のフォルダーを五十音順に整理してみると以下のような手順になります。

① 「ア」のガイドを先頭に置く

　「ア」で始まるグループの見出しになる。

② 「ア」の会社の個別フォルダーを置く

　「相川工業」，「青山電機」，「秋葉産業」，「浅川文具」，「荒木物産」などの個別フォルダーを置いていく。

③ 「ア」の雑フォルダーを置く

　「ア」で始まる会社名で，個別フォルダーを持っていない会社の書類が雑居しているフォルダー。

④ 「イ」のガイドを先頭に置く

　「イ」で始まるグループの見出しになる。

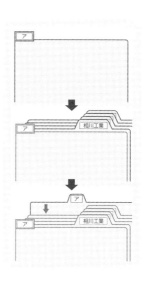

④以下は①～③同様に「イ」「ウ」「エ」「オ」……と同じことを繰り返していきます。

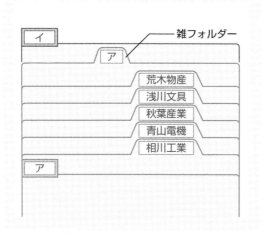

雑フォルダー

　横幅は6分の1カットシステムになっています。それぞれの山（見出しを貼る部分）の位置に注意してください。第2ガイドはさらに詳しい見出しを付ける場合に利用します。貸出ガイドは，フォルダーの中の書類を貸し出したときの代わりに置くものです。

第5章　技　能

4 名刺の整理と活用法

「抜き出した名刺はガイドのすぐ後ろに差す」

抜き出した名刺は元のところではなく，それが入るべきガイドの後ろに入れます。例えば，「神田一郎」の名刺を抜き取ったら「カ」のガイドの後ろに差します。つまり，「カ」で分類される名刺の先頭に置くことになります。こうすることで，よく使う名刺が前の方に集まります。

☆ 名刺の整理用具

名刺の整理用具には，名刺整理簿と名刺整理箱があります。最近では，検索が便利なことからパソコンでの管理を行う企業も増えてきました。

◆名刺整理簿

帳簿式の台紙に名刺を収納するもの。一覧性があって見やすいので，名刺が少ない場合には便利です。しかし，量が増えてくると，差し替えが面倒で追加や廃棄がしにくいこと，大きい名刺は収納できないなどの欠点もあります。

☝ 名刺整理簿。

◆名刺整理箱

細長い箱に名刺を立てて整理するもの。名刺の出し入れや追加・差し替えが楽なので，量が多い場合に便利です。分類項目ごとにガイドを立てると探しやすくなります。

◆パソコン管理

増減・訂正が簡単にできる点や検索も速いなどの利点がありますが，データ化した個人情報の管理には注意が必要です。

☝ 名刺整理箱。

☆ 名刺の分類法とクロス索引

　名刺は個人名・会社名・業種別のいずれかで分類します。

　また，クロス索引にして整理しておくと，「会社名は分かっているが個人名が分からない」というケースでも探し出せるので便利です。

◆名刺の分類法の選択

　どの名刺分類法を選ぶかは，どれで探すことが多いかによって決まります。

名刺の分類法
●名字の五十音順で分類。
●会社名の五十音順で分類。
●業種別で分類。

◆名刺のクロス索引

　個人名の五十音別で分類した場合，会社名は分かっていても，個人名を忘れてしまうと名刺を探せなくなります。そんな場合に備えて，別に会社名と関係者名を書いたカードを作成し，会社名の五十音順で分類しておきます。こうすれば，会社名のカードに書いてある個人名を思い出して名刺整理箱から個人の名刺を探し出すことができます。この方法をクロス索引といいます。

```
世界物産株式会社

社長　　　横田茂樹
専務　　　太田二郎
常務　　　高原洋次
営業部長　船田　清
営業課長　森脇博和
```

☝ 会社名のカードに関係者名を書く。このカードも五十音順に分類する。

☆ 名刺の整理，管理上の注意点

　名刺を整理したり管理する場合は以下の点に留意します。

●受け取った名刺には日付やその人の特徴などをメモし，該当するガイド（いんとう）のすぐ後ろに差す。
●整理箱から抜いて使用した名刺は，元の場所に戻さず，該当するガイドのすぐ後ろに差す。
●上司の個人的な名刺と，仕事関係は別にする。
●住所・電話番号の変更通知を受け取ったり，昇進や異動で肩書の変更を知ったら，すぐに名刺を訂正して常に最新の状態にしておく。
●1年に1回ぐらいは古い名刺や使わなかった名刺を調べ，不要な名刺は廃棄する。

☝ 抜いて使った名刺はガイドのすぐ後ろに差す。

第5章　技　能

「自社のカタログは古くなっても保存する」

他社の製品については，新しいカタログを手に入れたら古いものは不要になるので破棄します。しかし，自社製品のカタログには会社の商品を知る上で参考になる情報も含まれています。古くなっても保存しておくようにします。

☆ カタログの整理

カタログとは商品を紹介する冊子のことですが，整理するときは次のような点に注意します。

● 販売会社別ではなく，商品・製品別に整理する。

● 総合カタログやある程度厚みのあるものは，書籍のように立てて整理する。

● 薄いカタログやパンフレットは内容別にまとめてハンギング式キャビネットの引き出し内のハンギング・フォルダーに納めて整理する（下図参照）。

● 年に1回はチェックし，不要なものを処分する。また，新しいものを入手した時点で古いものは処分していくようにする。ただし，自社カタログは古いものでも保管しておく。

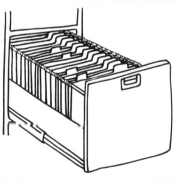

⬆ ハンギング式のキャビネットの引き出しにはハンギングフレームが設置されていて，ハンギング・フォルダーをそのフレームにかけてつり下げる。

Let's Study!
よく出る問題

■適当＝○か不適当＝×か考えてみよう。

□ バックナンバーとは，その雑誌の裏表紙に書かれている発行号，発行人などのことである。

解説：バックナンバーとは，雑誌などの定期刊行物の既刊号のことである。発行号，発行人などが記されている部分は奥付という。

解答＝×

☆ 雑誌の整理

　雑誌を入手したら日付を控えておき，上司の部屋や応接室では常に最新号が読めるようにしておきます。

　保存期間は，通常，一般誌は前年度分だけ，専門誌の場合は長くて5年分とします。また，雑誌を保存する場合は，6カ月分か1年分をまとめてピン製本で合本し，背には「△△△　○年1月号〜12月号」などと雑誌名と発行年・号数を明記しておきます。

> 専門誌は長くても5年分，一般誌は前年分だけを保管しています。

☆ 雑誌・カタログの関連用語 *理解したらチェックしよう

　雑誌やカタログに関連する用語には，以下のようなものがあります。

> 隔月とは，1カ月おきにという意味です。

☐ 日刊	毎日発行されるもの。
☐ 週刊	毎週発行されるもの。
☐ 旬刊	10日に1回発行されるもの。
☐ 月刊	毎月発行されるもの。
☐ 隔月刊	2カ月に1回発行されるもの。
☐ 季刊	年に4回発行されるもの。
☐ 増刊	定期刊行物が臨時に発行されること。
☐ 絶版	もう印刷されない刊行物。
☐ カタログ	商品の目録や商品案内の冊子。
☐ 総合カタログ	その会社が取り扱う全商品を1冊にまとめたもの。
☐ リーフレット	1枚物の（宣伝用などの）印刷物。
☐ パンフレット	ページ数の少ない簡単な冊子。
☐ バックナンバー	すでに発行された雑誌などの号。
☐ 総目次	半年分，1年分などを単位に目次をまとめたもの。

第5章　技能

6 新聞・雑誌の切り抜きと整理

Key フレーズ 「切り抜きにはフラットファイルが便利」

フラットファイルかフォルダーを利用します。スクラップブックは，①特定の記事だけを取り出せない，②一度決めた分類を変更しにくい，③不要になった記事を破棄しにくい，などの欠点があり，ビジネスでの切り抜きには不向き。

☆ 新聞・雑誌の切り抜き

　秘書は，上司が指示した新聞や雑誌の記事を切り抜くほか，自分の判断で上司に必要と思われる記事などを切り抜くようにします。切り抜く際は，以下のような点に注意します。

① 切り抜き部分をマークする

● 切り抜く箇所を赤鉛筆やマーカーで囲む。

● 新聞などは段の末尾が離れていることがあるので記事のつながりに注意する。

上司に指示された記事をマーカーなどで囲んで，空きスペースに出典データ等を記入しておきます。ただし，すぐに切り抜いてはいけません。

② 出典データ等を記入する

● 記事の余白に記入。

● 新聞の場合は「紙名・日付・朝夕刊の別（地方版の場合は地方版名）」を記入。

● 雑誌の場合は「誌名・年月・号数・ページ」を記入。

これは 間違い！

切り抜いた新聞記事は，元の形を崩さないようにして台紙に貼っています。

間違いの理由

新聞記事を切り抜き保存するのは，参考資料として使用するためです。従って，元の形を保っておく必要はありません。読みやすく形を整えて貼るのがよい方法です。

③ 記事を切り抜く

●新聞は翌日，雑誌は次号が発行されたら切り抜く。

●切り抜きたい記事が両面にある場合は，片面をコピーする。A4用紙でコピーしたものは，切り抜かずそのまま利用してよい。

④ 台紙に貼る

●台紙はA4判に統一する。

●原則として1枚の台紙に1記事とする。

●同じテーマなら，1枚の台紙に小さい記事を複数貼ってもよい。

●新聞など記事の形が悪いものは読みやすく形を整えて貼る。

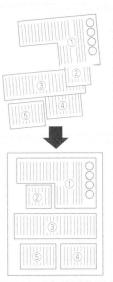

☝ 形の悪い記事は，形を整えて貼る。

☆ 切り抜きの整理

切り抜いた記事は台紙に貼って分類し，次の方法で整理します。

●フラットファイルにとじる。

●そのままフォルダーに入れてキャビネットに納める。

フラットファイルで整理すると再分類するときに便利です。

キャビネットの引き出しに立てて納める方法をバーチカル・ファイリングといいます。

1 難易度 ★☆☆☆☆ 😣 できないと キビシ〜!!　　チェック欄

　次のそれぞれと直接関係のある部署はどこか。下の枠内から一つ選び，その番号を（　　）内に答えなさい（番号は重複しないようにすること）。

1）株主総会　　　　　（　　　　　）
2）社員研修　　　　　（　　　　　）
3）資金調達　　　　　（　　　　　）
4）市場調査　　　　　（　　　　　）

1	販売課	2	人事課	3	経理課
4	総務課	5	資材課	6	広報課

2 難易度 ★★☆☆☆ 😐 できないと アヤウイ!　　チェック欄

　次は秘書Aが，名刺の整理について先輩から指導されたことである。中から不適当と思われるものを一つ選びなさい。

1）名刺には受け取った日付をメモしておくこと。
2）縦書きの名刺も横書きの名刺も区別せずに整理すること。
3）不要な名刺は破いて捨てるか，シュレッダーで処分すること。
4）肩書の変更などの連絡を受けたら，すぐに名刺を訂正すること。
5）受け取って1年以上たった名刺は，古くなったものとして処分すること。

3　難易度 ★★☆☆☆　 できないと アヤウイ!　チェック欄

　秘書Aは上司から，「個人で専門誌の定期購読を申し込みたいので，手続きを頼む」と指示された。次はそのときAが上司に確認したことである。中から不適当と思われるものを一つ選びなさい。

1) 定価。
2) 購読期間。
3) 誌名と出版社名。
4) 代金の支払い方法。
5) 届け先は会社でよいか。

4　難易度 ★★★☆☆　 できて ひとまずホッ!!　チェック欄

　次は，他社製品のカタログ整理の仕方について述べたものである。中から適当と思われるものを一つ選びなさい。

1) 年度版のカタログは，古い物も年度順に並べて整理しておくとよい。
2) カタログは製品案内なので，製品別にまとめて整理しておくと使いやすい。
3) カタログの大きさはいろいろなので，大きさごとに整理しておくと使いやすい。
4) 情報が古くなったカタログでも，役立つことがあるので別に保存しておくとよい。
5) カタログは紙質がよくたまると重くなるので，1年保存したら捨てると決めておくとよい。

次は，印刷物や雑誌に関する用語とその意味の組み合わせである。中から**不適当**と思われるものを一つ選びなさい。

1) パンフレット　　＝　小冊子
2) バックナンバー　＝　雑誌などの古い号
3) 隔月刊誌　　　　＝　一月置きに発行される雑誌
4) 季刊誌　　　　　＝　夏季と冬季に発行される雑誌
5) リーフレット　　＝　宣伝用などの1枚ものの印刷物

次はファイル用品とその説明である。中から**不適当**と思われるものを一つ選びなさい。

1) 「ラベル」とは，タイトルを書いてフォルダーの山に貼る紙のこと。
2) 「ファイルボックス」とは，フォルダーを収納しておく引き出し式の収納具のこと。
3) 「ガイド」とは，キャビネットの中でフォルダーの区切り（分類）の役をする厚紙などのこと。
4) 「フラットファイル」とは，レターファイルとも言われる，中にとじ具の付いている書類挟みのこと。
5) 「持ち出しフォルダー」とは，貸し出しフォルダーとも言われ，文書を持ち出すときなどに使うフォルダーのこと。

1＝1）4　2）2　3）3　4）1

2＝5）処分してよいのは，古くなったものではなく必要がなくなった名刺。受け取って1年以上たっても，必要があれば処分してはいけないので不適当ということである。

3＝1）個人での定期購読の手続きを指示されたのである。定価が分からなくても手続きはできるので，確認する必要がなく不適当ということである。

4＝2）他社製品のカタログを整理しておくのは，同じような製品についてメーカーによって異なる性能や価格を比較するためである。従って，製品別にまとめておくのが適当ということになる。

5＝4）「季刊誌」とは，季節ごとに年に4回発行される雑誌のことである。

6＝2）「ファイルボックス」とは，数冊のファイルを立てて収納する箱のことである。

▶▶▶▶▶▶▶▶▶▶　合否自己診断の目安　◀◀◀◀◀◀◀◀◀◀◀

正解率60％以上を合格の目安としてください。ここでは，6問出題したので，4問以上の正解でクリアです。

4　資料管理	6問中　　　問正解　●正解率＝　　　　　％

常識で考えれば分かるような問題が，意外に「正答率が悪い」という結果になることも少なくありません。
あなたの常識は大丈夫ですか？
さて，次は最後のセクションです。力を振り絞ってチャレンジしましょう！

Lesson 1 日程管理と予定表

通常は休日の上司の行動を把握する必要はありません。しかし，式典やパーティーへの出席など，それが公的な行事であった場合は把握しておかねばなりません。公的な用事であれば平日の勤務時間後も例外ではありません。

☆ 日程管理の意味

上司の予定は正確かつ綿密に立てる必要がありますが，そのためには行動予定を表にして管理するのが便利です。予定表は，一律に決まったものではなく，上司によって異なるので，秘書は上司の行動に合わせた予定表を作成しなければなりません。

● 上司の行動　上司は，秘書の作成したスケジュールに沿って業務を進めることになる。

● 秘書の役割　秘書は，上司が仕事をスムーズに行えるように，社内外の主要行事，出張，会議・会合，面談，訪問などの行動予定を表にまとめる。

定期的な早朝会議に出席するなど，上司の行動によって日々予定表の時間の目盛設定が変わります。

これは **間違い！**

予定表は，年間・月間・週間・日々予定表を必ず作るようにしています。

間違いの理由

予定表は必要に応じて作ればよいのです。必ずしも4種類を作る必要はありません。

Let's Study!
よく出る問題

■適当＝○か不適当＝×か考えてみよう。
□ 上司の個人的な予定は，予定表には書かないで，自分の手帳に書くようにしている。
解説：上司の個人的な予定は，社内の者に知られたくないものもある。従って，関係者に見せる公的な予定表には書かずに，秘書の手帳に書くようにする。その際にも，「S氏祝賀会」などとし，実名での記入は控えるようにする。
解答＝○

☆ 予定表の種類

　最初に年間予定表に，年間の決まっている行事や定例会議などの行動予定を書き込み，月間予定表，週間予定表，日々予定表（日程表）の順にまとめていきます。

◆年間予定表

　1年間に行われる社内外の主要行事を表にしたもの。新年会，入社式・創立記念日・株主総会・定例役員会・業界行事などを記入します。

◆月間予定表

　1カ月の上司の行動予定を表にしたもの。年間主要行事のほか，出張，会議，面談，訪問などの予定を記入します。

◆週間予定表

　1週間の上司の行動予定を時間単位で記入した予定表。会議，面談，訪問，出張，講演，式典などの項目を詳細に記入します。ただし，私事については簡略に書くか記号などで記すようにし，詳しいことは秘書の手帳などに書くようにします。

◆日々予定表（日程表）

　その日の上司の行動予定を時分単位で綿密に記入した予定表。行動予定欄の他に備考欄を設けるなどして，必要な情報が一覧できるようにしておきます。

年間予定表

	6　月				
22 月	26 金	5 月	9 金	16 金	19 金	23 金	29 木	30 金	4 火
部長会	取締役会	部長会	常務会	創立記念日	部長会	常務会	SS全国大会	取締役会	新製品発表会

☞ 年間予定表の例。

週間予定表

日	曜日	8 9 10 11 12 1 2 3 4 5 6 7 8 9	備考
6	月	役員会議　　　S氏祝賀会	
7	火	企画会議　　　講演会	
8	水	理事会	

☞ 週間予定表の例。

日々予定表

7月6日（月曜）		備　考
8		
9	▲9：15	
10	酒井物産と打ち合わせ	第一応接室にて 田中氏 他3名
	▼10：45	

☞ 日々予定表の例。

上司の私事については，「S氏祝賀会」など記号を用いて簡略に表示します。

2 予定表の作成と変更

Key フレーズ 「予定表には備考欄を設けるようにする」

予定表の備考欄には，出張の出発時刻や宿泊予定のホテル名と電話番号，会議などに必要な書類名や会議場の電話番号，日時などが未定になっている予定などを書くようにします。

☆ 予定表の様式

予定表を作成する場合には次の点に留意します。

● 年間・月間・週間・日々予定表は，それぞれ1枚の紙にまとめるように作ると使いやすい。
● 日々予定表の時間目盛りは，朝の8時から夜9時くらいまで設けておくのが一般的だが，上司の仕事の仕方に合わせて作るとよい。
● 表には備考欄を設けておくと便利。

☆ 予定の記入要領

予定表に記入する場合には次の点に留意します。

● 記入事項　予定表に記入する主なものは，会議，面談，訪問，会合，出張，講演，日時の決まった仕事，式典，私事の行事など。なお私事については，記号などを使って書くようにする。
例）「M氏子息の結婚式出席」など。

● 表示方法　表示は簡潔で見やすく。
よく使う言葉は記号で表すとスペースも省けて便利。
例）会議→□　来訪→○　出張→△　など。

● 予定変更　予定が変更されたときは，変更前の予定が分かるように2本線で消す。

● 上司に確認　月間予定表は前月末まで，週間予定表は前週末まで，日々予定表は前日の終業時までに，それぞれ上司に見せ，上司が確認してからコピーして上司と秘書が1部ずつ持つ。

● 配布　月間予定表や週間予定表は，社内で上司の行動を知る必要がある関係者に配布する。その際，上司の私事は省く。

☆ 予定の変更と調整

予定の変更があったとき，秘書は次の要領で迅速に処理します。

●行事の変更　行事の変更があったら，上司にその旨を告げてから，上司用と秘書用の予定表を書き換える。

●当方の都合
による調整　行事の変更や上司の急用などで面会等の変更をせざるを得なくなったら，上司の指示に従って変更調整し，上司用と秘書用の予定表を書き換える。

　　　　例）面会の約束の場合は，先方にわび，改めて先方と当方の都合を調整して面会日時を決める。

●先方の都合
による調整　先方から予定変更の申し入れがあったら，新しい予定について上司と打ち合わせをして調整し，上司用と秘書用の予定表を書き換える。

●関係者への
連絡　予定が変更になったら，必要な関係先に漏れなく連絡する。

こちらの都合で，面会の約束を変更する場合は，事情を話して丁寧にわびます。そして，相手の都合のよい日時を二，三聞いておき，上司と相談して決めるようにしています。

Let's Study! よく出る問題

■適当＝○か不適当＝×か考えてみよう。
□①予定の変更があったら，自分の予定表と上司の予定表を訂正すればよい。
□②日々予定表の時刻の目盛りは，始業時間から終業時間までとしている。
解説：①予定が変更になったら，秘書用と上司用の予定表を訂正した後，関係者に漏れなく伝えるようにしなければならない。
解答＝×
②通常は朝の8時から夜9時までの時間の目盛りを付けておくが，上司の仕事の仕方に合わせるようにする。
解答＝×

これは間違い！

週間予定表は，一枚の用紙を効率的に使うために，休日になる土・日曜の欄は設けないようにしています。

間違いの理由

土曜・日曜が休日になっていても，上司が式典などに出席する場合があります。必ず設けるようにします。

第5章 技能

3 机の使い方と事務用品の種類

「事務消耗品は絶やさないようにしておく」

事務用の消耗品が切れると，仕事に支障を来たしてしまうことがあります。必ず予備を用意しておき，予備がなくなったら補充しておくようにします。また，上司の名刺も切らさないように配慮することが大切です。

☆ 机の使い方

秘書は自分の机だけでなく上司の机の上も整理，整頓します。それぞれの机の上の用具の基本的な配置の仕方を心得ておきます。

◆机の上の整理

机上の整頓は，効率よく仕事を進めるためには欠かせないものです。机の上には，「必要なもの以外は置かない」のが原則です。

またオフィスは，いつ来客があっても気持ちよく迎えられるようにしておきます。

))))) **これは 間違い！**)))))

上司の机にある不要と思われる紙などは捨てています。

間違いの理由

秘書の目には不要と映ったものでも，上司にとっては大切なメモかもしれません。上司がごみ箱に捨てたものなら捨てて構いませんが，机の上にあるものは何であれ，勝手に処分してはいけません。

☝ 上司の机の上の配置例。

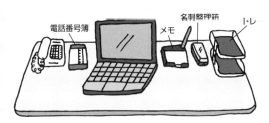

☝ 秘書の机の上の配置例。

◆引き出しの使い方

　引き出しを効率的に活用するためには，どの引き出しに何を入れておくかをはっきりと決めておくことです。また，使ったら元に戻す習慣をつけます。なお，秘書は上司の引き出しを勝手に整理してはいけません。整理する場合は，上司の許可が必要です。

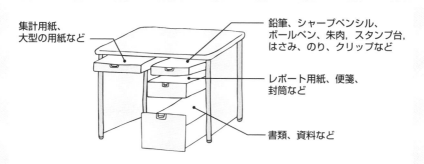

集計用紙、
大型の用紙など

鉛筆、シャープペンシル、
ボールペン、朱肉、スタンプ台、
はさみ、のり、クリップなど

レポート用紙、便箋、
封筒など

書類、資料など

👆 秘書の引き出しの使用例。

☆ 事務用品の種類と管理

　秘書には，事務用品を選択・配置・補充していく仕事があります。

◆事務用品の種類

　日常的に使う事務用品には以下のようなものがあります。

●事務用備品	机・椅子・ホチキス・穴開け器（パンチ）・ファスナー（書類とじ）・ナンバリング（書類に番号を打つ器具）・チェックライター（金額を刻字する器具）・キャビネット・保管庫・トレー（決裁箱）など。
●事務用 　消耗品	鉛筆・シャープペンシル・ボールペン・フェルトペン・サインペン・消しゴム・認め印・朱肉・透明テープ・粘着テープ・クリップ（ゼムピン）・便箋・メモ用紙・のり・帳票類・ホチキスの針など。

◆事務用品の管理

　秘書は日常的に次のチェックを行います。

- ●日付印の日付を正しくする。
- ●不足している消耗品の補充。
- ●故障・破損品の補修手配。

第5章技能

4 オフィス機器の種類

　「『秘』文書を破棄するときは文書細断機を使う」

> 「秘」扱い文書や重要な文書を破棄するときは，文書細断機（シュレッダー）を使って細かく裁断してから捨てます。また，それらの文書をミスコピーした場合も同様の処理をします。

☆ OA機器

　OAとはオフィス・オートメーションの略。OA機器とは，事務作業の効率化を図るための機械のことで，生産性の高い経営管理を実現するために多くの企業で導入されています。

　OA機器には以下のようなものがあります。

◆複写機

　一般にコピー機と呼ばれるものです。文書の複写のほか書籍など厚みのあるものも複写することができ，複数枚数を自動的に複写する機能や写真と文字を適切に複写する機能，フルカラー出力ができる機能など，多くの機能を持った複写機があります。

◆ファクシミリ

　一般にはファクスと呼ばれています。電話回線を利用して，文書や図画などを遠隔地に送信したり，受信して用紙に出力する機械で，オフィスでは複写機と一体化されたものが主流。電話が通じるところであればどこでも送・受信できます。郵送と違って瞬時に文字情報を伝達することができ，元の原稿が手元に残るという利点がありますが，写真原稿などを送る場合は，解像度に限界があります。

　相手先のファクス番号を間違えてしまうと取り返しがつかないので，重要書類をファクスで送ることは避けます。

◆パソコン

　パーソナル・コンピューターの略。事務オフィスでは今や一人に1台の割合で使用するまでに普及しています。パソコンの機械そのものはハードと呼ばれ，特に何かができるというものではありません。コンピューターを作動してさまざまな作業をすることができるのは，アプリケーションソフトと呼ばれるソフトがあるからです。

　このソフトには，文書作成用のソフトや表計算ソフト，画像処理ソフト，通信ソフトなど数多くのソフトがあります。

　また，インターネットに接続してあれば，電子メールのソフトを利用して，相互に文書や画像のやりとりができるほか，さまざまな情報を入手することができます。

◆プリンター

　パソコンなどに接続して，作成した文書や画像などを用紙に出力する機械。白黒だけでなくカラープリンターもあります。

◆スキャナー

　文書や画像を読み取る機械。パソコンと接続して画像などを読み込み，パソコンで作成している文書内に取り込んだりします。

☆その他のオフィス機器

　よく使用されるものには以下のようなものがあります。

◆プロジェクター

　パソコンの画面をスクリーンに投影する機器で液晶のものが主流になっています。プレゼンテーション，会議，研修などで資料を示すときに使われます。

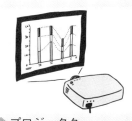
🔸プロジェクター。

◆文書細断機

　機密を保持するため文書を細かく裁断する機械で，一般にはシュレッダーと呼ばれています。

◆ホワイトボード

　水性インクなどで文字や図を書くための白地のボードで，会議用に用いられます。電子ホワイトボードもあり，書いたものを縮小してプリントしたりすることができます。

◆タイムレコーダー

　時計と印字装置を組み合わせ，時刻をカードに記録する装置。出退時刻による勤務の記録などに用います。

■これだけは押さえておきたい■
Key フレーズ 「湿度は年間を通して50〜60％に保つ」

空気調節において，室内の気温は春・秋が22度か23度，夏は25〜28度，冬は18〜20度に設定します。夏の軽装を奨励する場合は高めに設定します。湿度は年間を通して50〜60％が快適とされています。

☆ 照明

上司の部屋や応接室を快適にするための第一のポイントが照明です。秘書は，上司が能率よく仕事を進められるように，また来客が快適に過ごせるように，蛍光灯などの人工照明を調整するだけでなく，日光をうまく取り入れるなどの工夫が必要になります。

◆必要な照度

JIS（日本産業規格）では，下表のような照度を基準としています。

場　所	範　囲
●事務所	1,000〜500ルクス
●役員室	750〜300ルクス
●会議室	750〜300ルクス
●応接室	500〜200ルクス

明るければよいというものではありません。場所に応じた適切な照明を心がけます。ルクスとは照度の単位です。

◆照明方式

照明には直接照明と間接照明があります。オフィスの蛍光灯は，直接照明の代表的なものです。また秘書は，ブラインドなどを使って自然光をうまく取り入れるなどの工夫をすることも大切です。

●直接照明　光源から目的物を直接照らす方式。

●間接照明　光源からの光を反射光線にして目的物を照らす方式。柔らかい印象。

Let's Study! よく出る問題

■適当＝○か不適当＝×か考えてみよう。
□①ブラインドの板をスラットというが，それが垂直になっているのがベネシャンブラインドである。
□②照明方法には直接照明と間接照明があり，室内全体を平均的に明るくするには直接照明がよい。
解説：①垂直なのがバーチカルブラインド。水平なのがベネシャンブラインドである。
解答＝×
②直接照明は，人が暗い所で効率よく作業するために欠かせない。
解答＝○

☆ 防音

　オフィスを静かに保つのも秘書の役割です。防音対策としては以下のようなものがあります。

- **●ドア**　ドアチェック（ドアクローザー）を付けて，ドアを閉じるときの音をなくす。
- **●電話**　呼び出し音を調節する。
- **●窓**　二重窓にしたり，厚手のカーテンを用いたり，ついたてを立てて外部の音を遮断する。
- **●壁・天井**　壁や天井に吸音材を張って音を吸収する。

☆ 色彩調整

　部屋の色彩も心理面に影響を与えます。以下のことは知識として覚えておきましょう。

- **●応接室**　和やかな雰囲気を求められる応接室には，クリーム色などの柔らかい暖色を用いる。
- **●役員室・会議室**　役員室や会議室は，落ち着いた雰囲気をつくるため，茶色やベージュなどの色を用いる。

☆ 空気調節

　エアコンを調節してそれぞれの季節に最適な温度や湿度を保つようにします。その際，エアコンの風が上司に直接当たらないように配慮します。

- **●春・秋**　気温22〜23度　　湿度50〜60%
- **●夏**　気温25〜28度　　湿度50〜60%
- **●冬**　気温18〜20度　　湿度50〜60%

近年，省エネの観点から照度は低めに，温度は高めに設定しているオフィスが多い。

よく出る問題

■適当＝○か不適当＝×か考えてみよう。
□ 事務所特有の臭いを消すため，香りの強い花を飾るようにしている。

解説：臭いを消すためとはいえ，職場に香りの強い花を飾るのは不適当である。脱臭剤や消臭剤を用いるなど工夫しなければならない。
解答＝×

第5章　技　能

6 オフィスのレイアウトと整理整頓

Key フレーズ 「応接セットは上司が座りやすい位置に」

　部屋のレイアウトは動線を考えて机などを配置していきます。まず考えるのは上司の机と応接セットの配置です。上司の机は部屋の奥で出入り口から見えないところ，応接セットは上司が座りやすい位置に配置します。

☆ オフィスのレイアウト

　部屋のレイアウトを上司から任された場合，机を配置する際には特に次の点に留意します。

秘書の机 ●来訪者の出入りが分かる出入り口に近いところに置く。

●キャビネットが使いやすい場所に置く。

上司の机 ●部屋の奥で，出入り口から直接見えない場所に置く。

●秘書の机と向かい合わないように置く。

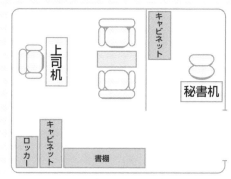

　　上司と秘書が同室の例。　　　　上司と秘書が別室の例。

☆ 応接セットの置き方

　応接セットは以下の点に注意して置くようにします。

●応接室に応接セットを置くとき，ソファーは部屋の奥の方に置く。
●上司の部屋の応接セットは，上司の机の近くに置く。

☆ 掃除と整頓の留意点

　応接室や上司の部屋を掃除したり整頓するときは次のようなことに留意します。

◆掃除の注意点

　掃除する対象によって，使う掃除用具や処理の仕方が違います。

●家具	羽根ばたきでほこりを払うか，から拭きする。ひどい汚れがある場合は専用の洗剤で拭く。
●じゅうたん	掃除機は毎日かける。染みができたら中性洗剤を使用して拭き取り，ひどいときは酢で拭く。
●応接セット	ブラシで汚れをこする。革張りはから拭きする。カバーやテーブルクロスは，週1回クリーニングに出す。
●置物	羽根ばたきでほこりを払う。
●油絵	年に数回，筆の穂先でほこりを払う。
●電話機	受話器も忘れずに，から拭きをする。
●ブラインド	羽根ばたきでほこりを払う。
●テーブル・灰皿	テーブルは使用後すぐに拭く。灰皿は，中の火に気を付けて吸いがらや灰を捨て，水洗いする。

◆整頓の注意点

　応接室や上司室を整頓する場合は以下の点に留意します。

- ●机や椅子は定位置にあるか。
- ●時計は正確に動いているか。
- ●カレンダーの日付は合っているか。
- ●くずかごのゴミは捨てて空にしてあるか。
- ●額や置物は曲がっていないか。
- ●新聞・雑誌はきちんと整理されているか。
- ●書棚は整理されているか。
- ●上司の机上の備品類は，定位置にあるか。
- ●デスクトレーの中に忘れた書類はないか。
- ●事務用品は補充されているか。

Let's Study!　よく出る問題

■適当＝○か不適当＝×か考えてみよう。
□　上司の出張中に，書棚を羽根ばたきで払いながら，書籍を大きさ順に並べ替えた。
解説：書棚の書籍は，類書ごとにまとめておくなど，使う人の使い勝手で整理されているものである。書棚を羽根ばたきで払うのはよいが，許可なく並べ替えてはいけない。また，整理するにしても書籍を大きさ順で並べ替えるのは不適当である。
解答＝×

第5章　技能

---

1 難易度 ★☆☆☆☆ 😣 できないと キビシ〜!! チェック欄

秘書Aは上司（部長）の予定を管理している。次は予定通りにいかなかった日の原因として考えたことである。中からAが前もって気を付けていれば防げたものを一つ選びなさい。

1) 午後から緊急の部長会議が開かれたから。
2) いつも長引くQ氏との面談が長引いたから。
3) 知人の告別式を急に知らされて参列したから。
4) 電車事故のため外出先からの戻りが遅れたから。
5) N氏が面談時間を間違えて30分遅く来社したから。

---

2 難易度 ★☆☆☆☆ 😣 できないと キビシ〜!! チェック欄

次は新人秘書Aが先輩から，退社する前にしておくように教えられたことである。中から不適当と思われるものを一つ選びなさい。

1) その日の新聞を片付けておくこと。
2) 上司と自分の翌日のスケジュールを確認しておくこと。
3) 上司机の引き出しの中を点検し，雑然としていたら整頓しておくこと。
4) 翌日すぐに使う物でも，出したままにせず元の場所にしまっておくこと。
5) 退社直前にメールが届くこともあるので，念のため受信メールを確認しておくこと。

3　難易度 ★★☆☆☆　 できないと アヤウイ!　　　チェック欄

　次は秘書Ａが行ったことである。中から「　　」内の用具の名称が<u>不適当と</u>思われるものを一つ選びなさい。

1) 掛け時計が進んでいたので,「パーティション」に乗り正しい時刻に直した。
2) 上司室は午後になると西日が差し込むので,「ブラインド」の羽根の向きを調整した。
3) 応接室のドアが閉まるとき音がするようになったので,「ドアチェック」を調節した。
4) 応接室で取引先と５人で面談するとき,椅子が４脚だったので「スツール」を用意した。
5) 資料セットのため机上を広く使いたかったので,パソコンを「サイドデスク」に移動した。

4　難易度 ★★★☆☆　 できて ひとまずホッ!!　　　チェック欄

　次は秘書Ａが,上司のスケジュール管理に関して行っていることである。中から<u>不適当</u>と思われるものを一つ選びなさい。

1) 上司の私的な予定は,社内の人でも口外しないようにしている。
2) 社外の会議の場合は,予定表に会社を出る時間も記入している。
3) 上司の予定を聞かれたときは,上司に確認して返事をすると言っている。
4) いつも長引く会議の後は,時間に余裕を持たせて次の予定を入れている。
5) 予定表を変更するときは,何を変更したか分かるような直し方をしている。

1＝2）前もって気を付けていれば防げたものとは，今までの経験から今回もそうなるかもしれないと予測できるもののこと。Q氏との面談がいつも長引くのであれば，前もって時間に余裕を持たせるなどすれば防げたということである。

2＝3）上司机の引き出しの中は，自分が使いやすいようにしているスペース。雑然としていても，整頓したりするのは行き過ぎで不適当ということである。

3＝1）「パーティション」とは，部屋の中の仕切りや目隠しなどをするための「ついたて」のこと。乗る物ではないので不適当ということである。

4＝3）スケジュール管理は秘書の仕事だから，問い合わせがあれば差し支えない範囲で回答すればよいこと。それを，上司に確認して返事をすると言うなどは不適当ということである。

合否自己診断の目安

　正解率60％以上を合格の目安としてください。ここでは，4問出題したので，3問以上の正解でクリアです。

　ただし，「第5章　技能」全体では，合計28問なので，17問以上の正解でクリア，また，「実技領域」では，合計56問なので，34問以上の正解でクリアとなります。

| 5　日程管理・オフィス管理 | 4問中 | 問正解 | ●正解率＝ | ％ |

| 第4章　マナー・接遇（計） | 28問中 | 問正解 | ●正解率＝ | ％ |
| 第5章　技能（計） | 28問中 | 問正解 | ●正解率＝ | ％ |

| 実技領域（計） | 56問中 | 問正解 | ●正解率＝ | ％ |

これで全て終了です。お疲れさまでした。
成績の方はどうでしたか？
えっ，理論領域，実技領域の両方ともクリアですか!!
それは素晴らしい!!　応援した甲斐がありました。
バンザイ!!
実際の試験での合格をお祈りしています。

秘書技能審査基準
●3級●

程　　度	領　　域		内　　容
初歩的な秘書的業務の理解ができ，基本的な業務を行うのに必要な知識，技能を持っている。	Ⅰ　必要とされる資質	(1) 秘書的な仕事を行うについて備えるべき要件 (2) 要求される人柄	①初歩的な秘書的業務を処理する能力がある。 ②判断力，記憶力，表現力，行動力がある。 ③機密を守れる，機転が利くなどの資質を備えている。 ①身だしなみを心得，良識がある。 ②誠実，明朗，素直などの資質を備えている。
	Ⅱ　職務知識	(1) 秘書的な仕事の機能	①秘書的な仕事の機能を知っている。 ②上司の機能と秘書的な仕事の機能の関連を知っている。
	Ⅲ　一般知識	(1) 社会常識 (2) 経営に関する知識	①社会常識を備え，時事問題について知識がある。 ①経営に関する初歩的な知識がある。
	Ⅳ　マナー・接遇	(1) 人間関係 (2) マナー (3) 話し方，接遇 (4) 交際の業務	①人間関係について初歩的な知識がある。 ①ビジネスマナー，一般的なマナーを心得ている。 ①一般的な敬語，接遇用語が使える。 ②簡単な短い報告，説明ができる。 ③真意を捉える聞き方が，初歩的なレベルでできる。 ④注意，忠告が受けられる。 ①慶事，弔事に伴う庶務，情報収集と簡単な処理ができる。 ②贈答のマナーを一般的に知っている。
	Ⅴ　技　能	(1) 会議 (2) 文書の作成 (3) 文書の取り扱い (4) ファイリング (5) 資料管理 (6) スケジュール管理 (7) 環境，事務用品の整備	①会議に関する知識，および進行，手順について初歩的な知識がある。 ②会議について，初歩的な計画，準備，事後処理ができる。 ①簡単な社内文書が作成できる。 ②簡単な折れ線，棒などのグラフを書くことができる。 ①送付方法，受発信事務について初歩的な知識がある。 ②秘扱い文書の取り扱いについて初歩的な知識がある。 ①簡単なファイルの作成，整理，保管ができる。 ①名刺，業務上必要な資料類の簡単な整理，保管ができる。 ②要求された簡単な社内外の情報収集ができ，簡単な整理，保管ができる。 ①上司の簡単なスケジュール管理ができる。 ①オフィスの簡単な整備，管理，および事務用品の簡単な整備，管理ができる。

イラスト：高崎祐子

秘書検定 3級 クイックマスター 改訂2版

2024年3月10日　　　　初版発行

編　者　公益財団法人 実務技能検定協会 ©
発行者　笹森 哲夫
発行所　早稲田教育出版
　　　　〒169-0075 東京都新宿区高田馬場一丁目4番15号
　　　　株式会社早稲田ビジネスサービス
　　　　https://www.waseda.gr.jp/
　　　　電話（03）3209-6201